W0309285

À plus! Charnières

Nouvelle édition

Kompetenz- und Prüfungstrainer

Carnet d'activités

Interaktive Übungen mit Differenzierungen auf zwei Niveaus

Lieber Schüler, liebe Schülerin!

Downloaden der Hörtexte
www.cornelsen.de/webcodes
mit folgendem Webcode:
APLUS-C-CARNET-AUDIO.

Deine **interaktiven Übungen** findest du hier:

1. Melde dich auf scook.de an.
2. Gib den unten stehenden Zugangscode in die Box ein.
3. Hab viel Spaß mit deinen interaktiven Übungen.

Dein Zugangscode auf
www.scook.de

Die interaktiven Übungen können dort nach Bestätigung der allgemeinen Geschäftsbedingungen genutzt werden.

cw65y-wmarp

Cornelsen

À plus! Charnières *Nouvelle édition*

Carnet d'activités

Im Auftrag des Verlages erarbeitet von
Catherine Jorißen und Catherine Mann-Grabowski

und der Redaktion Französisch
Julia Goltz (Projektleitung), Burcu Kiliç, Marie-France Lavielle, Bildassistenz: Nicole-Simone Abt, Tina Becker

Illustrationen: Laurent Lalo
Umschlaggestaltung und Layoutkonzept: werkstatt für Gebrauchsgrafik, Berlin
Layout und technische Umsetzung: graphitecture book & edition
Umschlagfotos: © F1online / AGE / Jerónimo Alba (links), © Corbis / Science Photo Library / Ian Hooton (rechts)

Symbole und Verweise

CD 2 Hörübungen auf der CD-Extra
▶ Verweise auf das Lehrbuch

schriftliche Aufgabe
Partnerarbeit

Differenzierung:
○ leichtere Übung
● anspruchsvollere Übung

www.cornelsen.de

Die zum Lernmittel gehörige CD enthält ausschließlich optionale Unterrichtsmaterialien;
sie unterliegt nicht dem staatlichen Zulassungsverfahren.
Die Mediencodes enthalten ausschließlich optionale Unterrichtsmaterialien;
sie unterliegen nicht dem staatlichen Zulassungsverfahren.

Soweit in diesem Lehrwerk Personen fotografisch abgebildet sind und ihnen von der Redaktion fiktive Namen, Berufe, Dialoge und Ähnliches zugeordnet oder diese Personen in bestimmte Kontexte gesetzt werden, dienen diese Zuordnungen und Darstellungen ausschließlich der Veranschaulichung und dem besseren Verständnis des Inhalts.

Alle Drucke dieser Auflage sind inhaltlich unverändert und können im Unterricht nebeneinander verwendet werden.

© 2016 Cornelsen Verlag GmbH, Berlin

Das Werk und seine Teile sind urheberrechtlich geschützt.
Jede Nutzung in anderen als den gesetzlich zugelassenen Fällen bedarf der vorherigen schriftlichen Einwilligung des Verlages.
Hinweis zu den §§ 46, 52 a UrhG: Weder das Werk noch seine Teile dürfen ohne eine solche Einwilligung eingescannt und in ein Netzwerk eingestellt oder sonst öffentlich zugänglich gemacht werden.
Dies gilt auch für Intranets von Schulen und sonstigen Bildungseinrichtungen.

Druck: Parzeller print & media GmbH & Co. KG, Fulda

Schülerheft:	ISBN 978-3-06-520121-6	1. Auflage, 1. Druck 2016
Schülerheft mit interaktiven Übungen:	ISBN 978-3-06-121067-0	1. Auflage, 1. Druck 2016
Lehrerfassung:	ISBN 978-3-06-520127-8	1. Auflage, 1. Druck 2016

PEFC zertifiziert
Dieses Produkt stammt aus nachhaltig bewirtschafteten Wäldern und kontrollierten Quellen.
www.pefc.de
PEFC/04-31-1308

Inhalt

Dossier A Être jeune: entre rêves et réalité

1 a Voici la couverture d'une bédé. Décrivez-la.
► Méthodes, p. 153/26

b Quelle image donne-t-elle des jeunes? Expliquez et commentez.

c Est-ce que vous êtes d'accord avec le titre? Discutez avec votre partenaire.

d À vous! Être jeune, pour vous, qu'est-ce que cela signifie? Dessinez une nouvelle couverture pour la bédé «Nous les ados, nous sommes comme ça!».

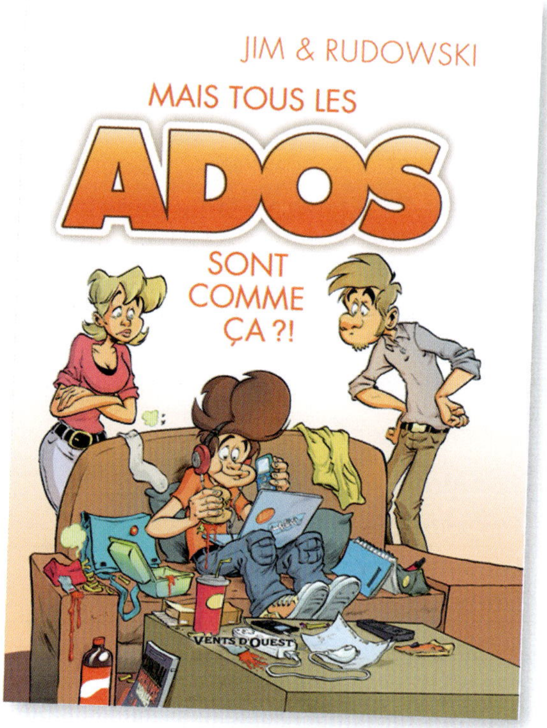

Jim et Rudowski © Éditions Glénat / Vents d'Ouest 2012

MOTS EN CONTEXTE

1 a Trouvez parmi les mots en contexte surlignés des mots de la même famille. Notez l'article des noms et les formes masculines et féminines des adjectifs. ► Livre, p. 10

1. le divertissement __________
2. la définition __________
3. l'employeur/-euse __________
4. social/e __________
5. concret/concrète __________
6. financier/-ère __________
7. l'indépendance *f.* __________ __________
8. l'activité *f.* __________
9. engagé/e __________ __________

b Écrivez au moins six phrases avec les mots de a.

Exemple: Les émissions de **divertissement** à la télé ne m'intéressent pas. Pour **me divertir**, je préfère faire du sport ou rencontrer des amis.

2 a Yannick fait une présentation devant une association. Complétez son discours avec les expressions ci-dessous.

à part ça | avant tout | concrètement | en effet | financièrement | presque | aujourd'hui

© Shutterstock / Shestakoff

Mesdames et messieurs, bonjour,

__________________, je tiens à remercier la présidente de l'association *Cultures du cœur* qui m'a invité. __________________, c'est un honneur pour moi d'être ici avec vous __________________ pour vous parler de mon projet de théâtre *Les voix de la banlieue*. Notre projet a duré __________________ deux ans et a touché 600 personnes dans différentes cités. 20 volontaires y ont participé et n'ont pas compté leurs heures de travail. Mais __________________, il n'a rien coûté __________________. Notre sujet était la vie dans la banlieue en général et plus __________________ la vie des jeunes.

b Relisez le discours et complétez la fiche.

nom du projet:

genre de projet:

jeunes concernés:

thèmes:

nombre de bénévoles:

3 a Un ami français voudrait savoir quelles sont les valeurs-clés des jeunes Allemands. Regardez la statistique ci-dessous et répondez. ► Livre, p. 10

b Et vous, vous sentez-vous comme la majorité des Allemands? Répondez.

Gute Freunde haben	69 %
Gesundheit	64 %
Einen Beruf haben, der mich erfüllt, der mir Spaß macht	62 %
Familie	60 %
Einen sicheren Arbeitsplatz haben	58 %
Eine glückliche Partnerschaft	56 %
Finanzielle Unabhängigkeit	52 %
Sich von anderen unterscheiden, seinen ganz individuellen Stil haben	16 %
Soziales Engagement	14 %

McDonald's Ausbildungsstudie 2013
© Statista, 2013

Interaktive Übungen zu diesem Dossier finden Sie auf www.scook.de gratis. Den Code finden Sie auf der Seite 1.

VOLET 1

Compréhension écrite et analyse

1 **Qui sont ces personnages? Quelles sont leurs relations entre eux? Faites un schéma. Utilisez les symboles ci-dessous.** ► Livre, p. 12–14

Thibault Justine Nicolas Léa Ingrid

2 **Des fois, il faut lire «entre les lignes» pour bien comprendre un texte. Relisez l'extrait, p. 19–20 l. 35–87, puis cochez les bonnes réponses.** ► Méthodes, p. 148/21

1. Jim a des problèmes avec → l. ______
   - ☐ Ambre.
   - ☐ son père.
   - ☐ Teddy Riner.

2. Plus tard, Jim veut → l. ______
   - ☐ travailler avec son père.
   - ☐ dire merci à son prof de SVT.
   - ☐ s'occuper de jeunes qui n'ont pas eu de chance.

3. Thibault veut → l. ______
   - ☐ continuer à sortir avec Justine.
   - ☐ trouver une nouvelle copine.
   - ☐ avoir des enfants avec une autre fille plus tard.

3. Thibault veut → l. ______
   - ☐ trouver un travail aux États-Unis.
   - ☐ devenir ambassadeur.
   - ☐ aider les gens dans des pays étrangers.

5. Justine → l. ______
   - ☐ adore parler de littérature.
   - ☐ déteste parler de littérature.
   - ☐ voudrait être capable de discuter de littérature avec sa copine Léa.

6. Justine → l. ______
   - ☐ est sûre de devenir un bon médecin.
   - ☐ a peur de ne pas réussir ses études.
   - ☐ a peur de ne pas bien savoir s'occuper des gens.

Méthodes et stratégies

3 **Voici un autre extrait du roman «Ma vie selon moi». Lisez le texte et complétez le tableau pour caractériser le personnage de Léa.** ► Méthodes, p. 148/21

DANS LE DÉSORDRE DE MON CŒUR PAR LÉA

– Vivre ma vie sans culpabiliser parce que j'ai quitté Eugénie et maman.
– Voir un peintre aborigène peindre un tableau (quand on sera en Australie).
– Trouver un bon cours de théâtre à côté de la fac.
– Ne pas me faire d'illusions folles sur mes capacités d'écriture mais être capable d'écrire au moins un beau texte dans ma vie.
– Vivre intensément notre grand voyage de cet été et revenir avec des étoiles dans les yeux.
– Perdre au moins trois kilos, cinq ça serait mieux, sept ça serait parfait.
– Être là pour Justine quand elle préparera son concours de première année de médecine mais aussi me consacrer à mes rêves.
– Faire du parapente une fois sans avoir peur de finir comme Icare.
– Etre moins sensible à la souffrance des gens.
– [...]

Extrait de: Sylvaine Jaoui «Ma vie selon moi: L'avenir comme je l'imaginais … ou pas» – Hors collection © Rageot

Éléments: Portrait de Léa

introduction: Dans son roman « Ma vie selon moi: L'avenir comme je l'imaginais ... ou pas »,

Sylvaine Jaoui raconte l'histoire d'un groupe d'amis qui sont en train de passer leur bac.

Ici, il est question de Léa.

information famille: Elle a habité avec ______. (l. ____)

interprétation: On peut supposer qu'Eugénie est ______. Léa dit qu'elle «culpabilise de les quitter», cela veut dire premièrement qu'elle ______ et deuxièmement qu'elle ______.

information physique: La seule chose qu'on sait de son physique, c'est que ______. (l. ____)

interprétation: Cela signifie sans doute qu'elle ______.

informations hobbys et passions: Il y a beaucoup de choses qui intéressent Léa dans la vie. Sa passion semble être ______. Mais elle a encore d'autres hobbys: ______. (l. ____)

interprétation: Cela montre que Léa ______. Elle aime ______. Elle rêve peut-être de devenir ______ mais elle ne veut pas se faire trop d'illusions. Elle a peut-être peur ______.

Elle rêve d'un voyage en Australie et espère qu'elle va en revenir très heureuse. On le comprend quand elle dit « ______ » (l. ____)

information amitié: ______ est une amie qui compte beaucoup pour Léa. (l. ____)

interprétation: D'un côté, Léa veut aider son amie dans les situations difficiles mais de l'autre, elle sait aussi qu'elle doit se protéger et penser un peu plus à elle. (l. ____)

conclusion: En conclusion, on peut dire que Léa est une personne ______

Vocabulaire et expression

4 **Terminez les phrases avec les expressions qui conviennent.** ► Liste des mots, p. 167–169

elle bosse tout le temps! | elle s'en est remise assez vite! | ce n'est pas gagné! | mais là, j'ai craqué! | j'ai failli oublier! | je suis désolé/e! | je lui en veux encore! | tu me saoules!

1. Arrête de parler tout le temps, ____________________
2. Cela faisait un moment qu'il m'énervait, ____________________
3. Quand Luc a quitté Sandra, elle a été très triste, mais ____________________
4. C'est une intello qui a tout le temps le nez dans ses livres, ____________________
5. Je n'ai pas pu t'appeler hier soir, ____________________
6. Je dois finir ce travail pour demain, mais ____________________
7. Quand j'ai eu besoin de lui, Arthur ne m'a pas aidé/e, ____________________
8. Heureusement que tu m'as rappelé le rendez-vous, ____________________

Compréhension orale

CD 1

5 **a** **Écoutez le texte. Dites de quoi il s'agit.**

1. ☐ Un jeune présente sa série préférée.
2. ☐ Un jeune présente sa famille.
3. ☐ Un jeune présente son livre préféré.

b **Réécoutez le texte et faites un organigramme.**

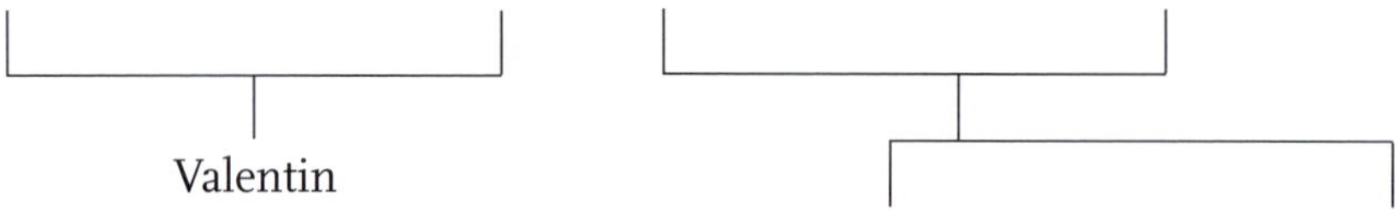

c **Lisez le texte et surlignez les mots et expressions utiles pour la tâche A.** ► Webcode APLUS-C-CARNET-8

Grammaire

6 **Regardez la conjugaison du verbe *s'asseoir*. Puis, écrivez au moins cinq phrases à l'impératif, au présent, au passé composé, à l'imparfait et au futur simple.** ► Verbes, p. 139

© Shutterstock / Halfpoint

Interaktive Übungen zu diesem Dossier finden Sie auf www.scook.de gratis. Den Code finden Sie auf der Seite 1.

VOLET 2

Vocabulaire et expression

1 **Votre corres vous raconte ce que son professeur pense de lui. À votre avis, qu'est-ce que le prof a pu dire? Réécrivez les phrases dans votre cahier.** ► Liste des mots, p. 169–172

1. Ouais, la prof ... Elle trouve que je glande trop!
2. Elle dit que je devrais avoir un déclic!
3. Elle trouve que je me la pète trop!
4. Elle trouve mes vannes nulles!
5. Elle demande pourquoi je fais tout le temps des conneries!
6. Elle pense que je me fiche d'elle!

© Fotolia / yanlev

2 **Trouvez le contraire des mots en gras et réécrivez les phrases dans votre cahier.** ► Liste des mots, p. 169–172

1. C'est **la meilleure** expérience de ma vie!
2. Les copains de ma nouvelle école **m'acceptent** bien.
3. Tu **as un travail**?
4. Rien ne **change**.
5. Mes grands-parents **vivent** encore.
6. Il a **arrêté** ses études.

Révisions

3 **Le film** *Chante ton bac d'abord* **raconte l'histoire de Gaëlle, qui est en terminale et qui veut faire des études de théâtre. Complétez le scripte avec les pronoms qui manquent.** ► Grammaire, p. 112–113/2–4

Gaëlle veut faire des études de théâtre. Quand elle ___ parle avec ses parents, ils ne ___ comprennent pas. La mère de Gaëlle prend rendez-vous chez une conseillère d'orientation* et ___ amène sa fille. La conseillère ___ présente les différentes écoles de théâtre qui existent. Gaëlle ___ trouve toutes intéressantes, mais sa mère est inquiète à cause des emplois. Elle a peur que sa fille n'___ trouve pas. Quand elles partent, la conseillère ___ dit: «Je ___ conseille de réfléchir encore un peu».

Plus tard, Gaëlle va chez son père. Il ne veut pas que sa fille fasse du théâtre. Il ___ dit: «Je ___ préviens, je ne suis pas riche, je ne pourrais pas ___ aider longtemps financièrement. Et si plus tard, tu veux faire d'autres études, je ne pourrais pas ___ payer.» Mais Gaëlle pense «Ça ___ est égal!» Elle a un rêve, et elle ne veut pas ___ abandonner.

© actionpress / Collection Christophel / Brotherfilms / DR

Chante ton bac d'abord, David André, 2014

* **la conseillère d'orientation** die Berufsberaterin

4 a La maison des Jeunes de Clichy-sous-Bois organise un concours pour améliorer la vie de la cité. Différents jeunes présentent leurs idées. Voici leurs notes. Formulez leurs discours. Utilisez le conditionnel.

▶ Verbes, p. 132–139, Pense-bête, début du carnet

il / *falloir* que les gens se connaissent mieux
nous / *vouloir* organiser des rencontres entre les habitants
chacun / *découvrir* la culture de ses voisins
les habitants de la cité / *passer* un bon moment ensemble
on / *avoir* juste besoin d'une cuisine

© Fotolia / Axel Bueckert

on / *devoir* aider les mères de famille et les vieilles personnes quand l'ascenseur ne marche pas
nous / *pouvoir* organiser un système avec un emploi du temps
il / y *avoir* toujours un jeune pour porter les sacs
le projet / ne rien *coûter*

© Fotolia / ulchik74

je / *vouloir* organiser une fête sportive dans la cité
tout le monde / *pouvoir* participer
on / *pouvoir* courir autour de la cité
ce / *être* génial

© Shutterstock / ver0nicka

b À vous! Présentez un projet pour améliorer la vie dans votre quartier (sport, environnement, habitation, école, loisirs, ___). Écrivez au moins 50 mots.

Grammaire

5 Samira Djouadi qui aide des jeunes des cités a reçu le prix de la Femme de cœur pour son engagement dans son quartier. Elle explique pourquoi elle a eu l'idée de créer son association Sport'A Vie qui propose à des jeunes d'assister à des tournois sportifs et d'en parler. Écrivez les phrases dans votre cahier.

▶ Grammaire, p. 122/17, p. 123/18

Exemple: Si les jeunes étaient capables d'expliquer comment ils se sentent, ils seraient moins violents.

1. les jeunes – *être* capable d'expliquer comment ils se sentent → ils – *être* moins violents
2. les jeunes – *savoir* mieux s'exprimer → les portes de l'emploi – *s'ouvrir* plus facilement
3. les filles – *avoir* plus confiance en elles → elles – *pouvoir* mieux utiliser leurs résultats scolaires pour réussir dans le monde du travail
4. on – *apprendre* aux jeunes à parler d'eux-mêmes → ils – *se sentir* mieux
5. les jeunes – *parler* moins fort et plus calmement → on – les mieux *comprendre*
6. ils – *participer* à un beau projet → ils – *avoir* envie d'en parler
7. ils – *assister* à un match de Coupe du monde ou à une compétition olympique → ils – *être* motivés pour partager cette expérience avec les autres

6 Votre correspondant vous demande ce qui vous plaît et ce qui ne vous plaît pas chez vos profs. Vous écrivez un mail dans lequel vous utilisez trois fois l'expression *faire + inf.* **et trois fois l'expression** *laisser + inf.* ▶ Grammaire, p. 116/9

7 **a** Regardez la conjugaison du verbe *exclure*. ▶ Verbes, p. 136

b Écrivez au moins six phrases avec ces expressions au présent, au futur, au conditionnel, à l'imparfait, au subjonctif et au passé composé dans votre cahier.

exclure qn	du cours / du groupe / d'une association / des étrangers / ___
exclure	la violence de l'école / une solution / ___

Compréhension audiovisuelle

8 **a** Regardez la bande annonce du film «La vie en grand». Quels sont les thèmes du film? Nommez-en quelques-uns.

b À votre avis, de quoi parle le film? Imaginez ce qui pourrait se passer. ▶ Webcode APLUS-C-CARNET-11

La vie en grand, Mathieu Vadepied, 2015

© action press / Collection Christophel / Unité de production / Gaumont / France 3 Cinema / Ten films

Production orale

9 Vous êtes en France et vous discutez des banlieues. Utilisez *ne aucun*, *ne … pas*, *ne … que*, *ne … ni … ni*, *ni … ni … ne*. ▶ Grammaire, p. 125

Partenaire A (ne connaît que les clichés sur la banlieue)	Partenaire B (lutte contre les clichés sur la banlieue)
1 Sie sagen, dass in den Vororten alle Mauern grau und hässlich sind.	Dans les cités, tous les murs sont gris et moches!
Ce n'est pas vrai! Dans ma cité les murs ne sont ni gris ni moches!	**2** Sie verneinen vehement.
3 Sie sagen, dass es außerdem viele Probleme zwischen Arabern und Afrikanern gibt.	En plus, dans les cités, il y a beaucoup de problèmes entre les Arabes et les Africains.
N'importe quoi! Dans ma cité, tout le monde s'entend bien. Il n'y a aucun problème entre les Arabes et les Africains. Ma cité est très agréable. Il y a un gymnase et un cinéma.	**4** Sie verneinen bestimmt und zählen die Vorteile Ihrer *banlieue* auf.  
5 Sie wundern sich. Sie dachten, dass es dort weder Sporthallen noch Kinos gäbe. Sie fragen, ob es die im Fernsehen dargestellten Probleme doch nicht gibt.	Ah, bon, moi, je croyais que dans les cités, il n'y avait ni gymnase ni cinéma! Tu veux dire que les problèmes dans les banlieues qu'on voit à la télé n'existent pas?
Si, bien sûr, il y a des problèmes qui existent. Mais certains problèmes n'existent que dans la tête des journalistes!	**6** Sie geben zu, dass es Probleme gibt. Aber einige Probleme bilden sich die Journalisten ein..

VOLET 3

Vocabulaire et expression

1 a Comment est-ce que vous dites cela en français? ▶ Liste des mots, p. 165–175

1. einem reichen sozialen Umfeld angehören
2. unter Rassismus leiden
3. sich von den Problemen der Gesellschaft betroffen fühlen
4. einer Organisation etwas spenden
5. Flugblätter gegen den Krieg verteilen
6. seine Eltern zufrieden stellen
7. Ich wäre fast gestorben!
8. Es lohnt sich dafür zu kämpfen!

b Écrivez un texte avec les expressions de a.

2 Trouvez un début de phrase qui convient. ▶ Liste des mots, p. 172–175

1. ______________________________ ça en a donc valu la peine.
2. ______________________________ c'est un préjugé.
3. ______________________________
bien sûr vous pouvez aussi faire un don.
4. ______________________________ nous sommes tous concernés.
5. ______________________________ chaque chose en son temps.

3 a Connaître les préfixes et les suffixes vous aident à comprendre les mots. Trouvez des mots de la même famille qui commencent par *in-*. Servez-vous d'un dictionnaire pour vérifier vos solutions.
▶ Liste des mots, p. 172–175

1. l'égalité *f.* ______________
2. connu/e ______________
3. accepter qn/qc ______________
4. la justice ______________
5. la différence ______________
6. croire en qn/qc ______________

b Quelle est la règle? Surlignez ce qui convient.

Le préfixe *in-* exprime la répétition / la négation / la possibilité.

c Voici des mots que vous ne connaissez pas mais dont vous pouvez comprendre le sens. Surlignez le radical* que vous connaissez. Puis, donnez pour chaque mot une définition et écrivez une phrase d'exemple.

Définition: Une chose incroyable, c'est une chose qu'on ne peut pas croire.
Exemple: Tu as encore eu une super note en français, c'est incroyable!

* **le radical** der (Wort)Stamm

introuvable inavouable inexcusable irréalisable inexplicable inratable interminable

4 **a** **Trouvez un mot de la même famille qui se termine par *-té*. Vérifiez vos solutions à l'aide d'un dictionnaire.** ► Liste des mots, p. 172–175

Einige Wörter ändern ihre Schreibweise im Stamm, z. B. **premier – la priorité**.

1. égal/e ______
2. libre ______
3. solidaire ______
4. réaliste ______
5. social/e ______
6. frère ______
7. responsable ______

b **Quelle est la règle? Surlignez ce qui convient.**

Les mots qui se terminent par «-té» représentent en général une idée / une personne / un objet concret/concrète. Ils sont toujours féminins/masculins.

c **Voici des mots que vous ne connaissez pas mais dont vous pouvez deviner le sens. Trouvez les adjectifs correspondants et notez-les. Puis, donnez une traduction. Vérifiez vos solutions dans un dictionnaire.**

beauté   fierté   facilité   lâcheté   pauvreté   rapidité   tranquillité

Grammaire

5 **Les bonnes idées arrivent quelquefois trop tard. Complétez les phrases ci-dessous avec le verbe entre parenthèses au conditionnel passé.** ► Grammaire, p. 122/17

1. – Pourquoi est-ce vous ne m'avez pas attendu?
   – On ______ manger ensemble! (*pouvoir*)
2. – Pourquoi est-ce que tu ne m'as pas montré ton devoir de maths?
   – Je t'______ ce que tu n'as pas compris. (*expliquer*)
3. – Pourquoi est-ce que tu n'as pas téléphoné?
   – Nous ______ te chercher à la gare! (*venir*)
4. – Pourquoi est-ce que vous n'avez pas prévenu que vous veniez à Paris?
   – Vous ______ dormir chez nous! (*pouvoir*)

6 a Ils changent le monde parce qu'ils sont engagés. Mais qu'est-ce qui se serait passé si ...? Formez des phrases et utilisez le conditionnel passé. ► Grammaire, p. 122/17, p. 123/18

Exemple: Si Bill Gates n'avait pas gagné autant d'argent, il n'aurait pas pu aider autant de gens dans le monde.

1. Bill Gates / ne pas *gagner* autant d'argent / il / ne pas *aider* autant de gens dans le monde!
2. Samira Djouadi / ne pas *grandir* en banlieue / elle / ne pas *devenir* la femme qu'elle est aujourd'hui
3. Coluche / ne pas *inventer* les restos du cœur / beaucoup plus de gens / *avoir* faim en hiver
4. Guillaume Bapst / ne pas *remarquer* que les gens dépensaient un très fort pourcentage de leur salaire pour la nourriture / il / ne pas *avoir* l'idée de créer les épiceries solidaires.
5. L'ancien footballeur Lilian Thuram / ne pas *venir* parler du racisme dans les écoles / beaucoup de jeunes / *garder* leurs préjugés
6. Stéphane Hessel / ne pas *demander* aux gens de s'indigner / moins de personnes *s'engager* dans les associations ces dernières années

1
© picture alliance / abaca / Christian Liewig

2
© SIPA / IBO / 1502022239

3
© laif / GAMMA / STILLS / STROMME

4
© laif / REA / RGA

5
© mauritius images / Alamy / bernard menigault

6
© laif / Reporters / Danny Gys

b Et pour vous? Qu'est-ce qui aurait changé si ...? Complétez les phrases. ► Grammaire, p. 122/17, p. 123/18

1. Si j'étais allé/e dans un autre lycée, ______________________
2. Si j'avais eu un grand/petit frère, ______________________
3. Je ne m'en serais jamais sorti/e, si ______________________
4. Nous aurions raté quelque chose, si ______________________
5. Si j'étais arrivé/e à l'heure à/en ______________________
6. ______________________

Production écrite

7 Choisissez une photo et faites le portrait du personnage que vous avez choisi (vie, engagement, projets pour l'avenir, ___). Écrivez au moins 80 mots. ► Méthodes, p. 147/18

1
© Fotolia / Eugenio Marongiu

2
© Shutterstock / Albina Tiplyashina

1 *laisser* + inf. et *faire* + inf.

Les nouvelles technologies nous influencent. Mais elles ne nous influencent pas tous de la même manière. Complétez par le verbe *faire* ou le verbe *laisser*.

1. Notre prof de sport est cool: Il nous ______________________ faire des exercices difficiles, mais il nous ______________________ écouter de la musique pendant l'entraînement.
2. Avec notre prof d'anglais, c'est moins drôle: Elle nous ______________________ bavarder pendant les cours, mais après elle nous ______________________ faire des interros super dures!

2 La négation

Certains s'engagent, d'autres pas. Utilisez *ne … aucun*, *ni … ni … ne*, *ne … ni … ni* **et** *ne … que*.

1. Sarah / acheter des produits bio 👎
2. Léa / vouloir travailler pour le gouvernement et pour des entreprises non-écologiques 👍
3. Liam / penser à son association 👍
4. Faudel et Jeanne / rêver de s'engager dans des associations 👎

© Fotolia / lev dolgachov

3 Le conditionnel passé

Complétez avec le verbe entre parenthèses au conditionnel passé.

1. À ta place, je ______________________ cette lettre au nom de notre association, maintenant tout le monde a une mauvaise image de nous. (ne pas *écrire*)
2. Si vous nous aviez soutenus au bon moment, nous ______________________. (*réussir*)
3. Sans les restos du cœur, beaucoup de gens ______________________ faim cet hiver. (*avoir*)

4 La phrase conditionnelle au passé

Malik a fait des choix dans le passé qu'il regrette. Formulez ce qu'il dit. Utilisez des phrases conditionnelles irréelles au passé.

1. m'*engager* / *pouvoir* changer des choses dans mon quartier
2. la vie dans ma cité / *être* moins dure / ma mère / *être* plus heureuse
3. mieux *travailler* au collège / *avoir* de meilleures notes
4. mes notes / *être* meilleures / *pouvoir* choisir une formation plus intéressante

Dossier B Visages du Maroc

1 **a** **Décrivez la photo ci-dessous. Vous pouvez utiliser un dictionnaire.** ▶ Méthodes, p. 153/26

b **Expliquez ce que cette photo évoque pour vous.**

© laif / Tuul & Bruno Morandi

2 **Lisez cette recette et essayez-la. Vous pouvez utiliser un dictionnaire.**

Tajine de poulet

aux abricots, pruneaux et amandes

© Fotolia / Bertrand Rivière

Ingrédients
- 1,2 kg de poulet
- 2 tomates
- 2 oignons
- 200 g de pruneaux
- 10 à 12 abricots secs
- 10 à 20 amandes
- 1 dosette de safran
- 500 ml de bouillon de légumes (cube)
- 1 pincée de cannelle, 1 pincée de cumin
- huile d'olive, sel, poivre
- 1 cuillère à soupe de graines de sésame

Temps de préparation: 30 min
Temps de cuisson: 45 min
Difficulté: facile
Recette pour: 6 personnes

Préparation

1 Dans une cocotte, faire dorer la viande coupée en morceaux avec les oignons émincés. Saler, poivrer, ajouter les épices.

2 Couper les tomates en dés, ajouter à la viande et laisser cuire pendant 5 minutes.

3 Ajouter le bouillon et laisser mijoter à feu moyen pendant 20 minutes.

4 Ajouter les abricots et les pruneaux, laisser cuire à nouveau 10 minutes.

5 Vérifier la cuisson et ajouter un peu d'assaisonnement si nécessaire, et prolonger un peu la cuisson.

6 Faire dorer les amandes et les graines de sésame dans une poêle antiadhésive. Puis ajouter au tajine.

Servir le tajine avec de la semoule aux épices.

MOTS EN CONTEXTE

1 a Retrouvez, dans le texte, les mots de la même famille que les mots ci-dessous, puis notez-les.

► Mots en contexte, p. 32

1. le roi, royal le royaume (nom)
2. long/longue longer qc (verbe)
3. la culture ____________ (verbe)
4. le produit ____________ (verbe)
5. connaître qc ____________ (verbe)
6. protéger qn ____________ (nom)
7. le courage ____________ (verbe)
8. la lutte ____________ (verbe)
9. pauvre ____________ (nom)
10. travailler ____________ (nom)

b Utilisez les mots que vous avez trouvés en a dans des phrases d'exemple.

2 Complétez les phrases suivantes par les formes des verbes ci-dessous aux temps qui conviennent.

► Mots en contexte, p. 32, Verbes, p. 132–139

appeler   demander qc   devenir   engager qc   produire qc   traverser qc

1. L'Atlas, une chaîne de montagnes très importante, ____________ le pays d'est en ouest.
2. Au Maroc, on ____________ de l'huile d'olive et de l'huile d'argan.
3. Le roi Mohamed VI ____________ des réformes pour plus de démocratie.
4. Aujourd'hui, par exemple, les femmes peuvent ____________ le divorce.
5. Comme beaucoup de femmes travaillent, elles ____________ plus indépendantes.
6. Comment est-ce qu'on ____________ les habitants du Maroc?

3 Lisez les explications et retrouvez de quoi il s'agit. ► Mots en contexte, p. 32

1. Ce territoire se trouve dans le nord-ouest de l'Afrique et compte plusieurs pays: le Maghreb
2. De 1912 à 1956, ce pays a été un protectorat français: ____________
3. Entre mer et montagne, ils sont d'une grande diversité: ____________
4. On y trouve des oasis et des dunes: ____________
5. Cette ville joue un rôle culturel important grâce à ses nombreux festivals: ____________
6. Elle forme le centre historique de Marrakech: ____________
7. On y cultive des oranges et des clémentines: ____________

VOLET 1

Vocabulaire et expression

1 **Choisissez qui est A et qui est B et expliquez «vos» mots sans les nommer à votre partenaire, qui les devine. Vous pouvez utiliser un dictionnaire.** ► Méthodes, p. 157/30; p. 159/34

A
court/e – le bijou –
le charmeur de serpents – la babouche –
la pièce – toucher qn – la poterie

B
le foulard – frapper qn – le tapis –
le coussin – la corniche – le verger –
l'arganier

C'est un nom / un adjectif / un verbe et c'est ___.
C'est le contraire de ___.
C'est un synonyme de ___.
C'est quelque chose qui / que ___.
C'est un/e ___ qui / que ___.
C'est un mot de la même famille que ___.

Grammaire

2 **Complétez ce que disent les touristes. Utilisez un pronom démonstratif.** ► Grammaire p. 114/6

1. Tes chaussures sont sûrement plus confortables que ______________________.
2. Je trouve ton sac plus pratique que ______________________.
3. Mon portable ne marche pas. Je peux utiliser ______________________?
4. Ce sont nos jumelles ou ______________________?

5. Notre car n'est pas aussi moderne que ______________________.
6. Peut-être, mais votre guide est plus drôle que ______________________.
7. Je voudrais acheter de nouvelles babouches à mes enfants. Ils ont oublié ______________________ à Taghazout.
8. Non, ce n'est pas la valise de mon ami. ______________________ est noire.

3 **Complétez les phrases ci-dessous en utilisant** *sans + inf.*, *pour + inf.* **ou** *avant de + inf.* ▶ Livre, p. 34–35

s'arrêter	arriver	dire	montrer	prendre	tomber	travailler	partir (2 x)

1. ______________________ au Maroc, Luc a lu des livres sur le Maghreb.
2. À Casablanca, Usman est passé par la Corniche ______________________ des endroits intéressants à Luc.
3. Luc est entré dans un café ______________________ un thé à la menthe.
4. ______________________ au revoir à Luc, Usman lui a donné l'adresse d'un ami.
5. ______________________ dans l'Atlas, les deux hommes se sont arrêtés à Marrakech.
6. Comme ils voulaient arriver avant la nuit, ils ont traversé les vallées du Haut-Atlas ______________________.
7. ______________________ à Douar Jdida, ils se sont arrêtés sur le bord de la route et Luc a photographié les montagnes.
8. Ils ont visité une coopérative où les femmes utilisent des machines modernes ______________________.
9. À Taghazout, Luc a fait du surf et il était content de surfer sur des vagues impressionnantes ______________________ dans l'eau!

○ **4** **a** **Qu'ont fait Max et Myriam? Transformez les phrases en utilisant** *après avoir/être + participe passé*.
▶ Grammaire, p. 115/8

J'ai passé la nuit dans un village berbère et j'ai fait une randonnée dans l'Atlas.
Je suis arrivé à Agadir et j'ai participé à un stage de surf.

1

© Shutterstock / Maridav

2

© Fotolia / BillionPhotos.com

J'ai traversé la vallée du Souss et j'ai visité une coopérative.
Je suis partie de Tiznit et j'ai passé quelques jours sur la côte atlantique.

b **Racontez ce que ces touristes ont fait. Utilisez** *après avoir/être + participe passé.* ▶ Grammaire, p. 115/8

1

2

3

4

5

6

7

8

Production orale

5 **Votre professeur de français vous a demandé de choisir chacun/e une photo supplémentaire pour illustrer davantage le texte de ce volet. Choisissez votre photo, puis décrivez-la à votre partenaire et expliquez-lui votre choix.** ▶ Livre, p. 34–35; Méthodes, p. 153/26

1

Village berbère dans l'Atlas

© A1PIX Your Photo Today / Geopress

2

Récolte de l'argan par des femmes berbères

© laif / hemis.fr / Arnaud Spani

3

Préparation du thé à la menthe

© akg-images / ANA

4

Piscine sur la Corniche de Casablanca

© laif / hemis.fr / Jean-Daniel Sudres

Médiation

6 **Vous faites un exposé de groupe sur le Maroc pour votre cours de français. Vous êtes chargé/e de présenter l'arganier, ressource économique des femmes berbères. Aidez-vous de l'article, p. 21. Parlez de cet arbre, du travail en coopérative et expliquez à vos camarades ce qui a changé pour les femmes des coopératives. Vous pouvez utiliser un dictionnaire.**

Lisez l'article et répondez d'abord en allemand aux questions suivantes en prenant des notes.
- Welchen Nutzen bringt der Anbau von Argan?
- Wie ist die Arbeit in der Kooperative von Tighanimine?
- Welche Vorteile haben die Frauen durch die Mitarbeit in der Kooperative?

Puis, réfléchissez comment vous pouvez exprimer vos notes en français.
Enfin, rédigez votre présentation.

Die Karawane des Fortschritts

(...) In einem Berber-Dörfchen im Hinterland von Agadir kann man beobachten, was passiert, wenn der Gedanke der Nachhaltigkeit in den Köpfen der Marokkaner ankommt. Hier, im Südwesten Marokkos, sind die Hügel bis zum Horizont mit grünen Klecksen gesprenkelt. Es sind Arganbäume, die fast ausschließlich in Marokko wachsen, in Regionen, die so trocken sind, dass dort kaum etwas anderes gedeiht.

Seit Jahrhunderten hält der robuste Baum die Wüste auf, versorgt die Menschen und Tiere mit Schatten, Feuerholz und dem Öl seiner Früchte. Die Einheimischen nennen ihn den Baum des Lebens – und hätten ihn beinahe sterben lassen. Der Bestand ist massiv geschrumpft, hektarweise wurden die Bäume über Jahre hinweg abgeholzt, die Kamele der Karawanen fielen regelmäßig über ganze Wälder her. Doch dann entdeckte die Welt das Arganöl, das in seinen Nüssen steckt und das bis zum Ende der achtziger Jahre kaum jemand außer den Berber-Stämmen rund um Agadir kannte. Heute findet man es auf der ganzen Welt, als teures Speiseöl oder in Cremes, Seifen und Gesichtsmasken. Der internationale Boom hängte dem Baum ein Preisschild um – und sorgte damit für seinen Schutz. Mittlerweile wurden Aufforstungsprogramme gestartet, eine eigene Behörde wacht über die Argan-Region, ebenso wie die Unesco.

Auch die Einheimischen gehen inzwischen sorgsamer mit den Wäldern um, forsten wieder auf, weil sie verstanden haben, dass sie nicht unerschöpflich sind. Und erkennen, dass ihnen der Baum des Lebens mehr geben kann als Schatten und Feuerholz. Viele Frauen haben sich in Kooperativen zusammengeschlossen, in denen Öl für den Export produziert wird. Im Berber-Dorf Tighanimine gibt es so eine Gemeinschaft seit zehn Jahren. Gut 300 Familien leben hier in unverputzten Betonhäuschen. Das Gebäude der Kooperative liegt mitten im Dorf, vor der Tür steht eine Frau und spricht resolut in ihr Handy. Dann legt sie auf, rückt sich das Kopftuch zurecht und stellt sich als Nadia Fatmi vor, Präsidentin der Kooperative. (...)

Im oberen Stockwerk der Kooperative ist es hell und steril wie in einem Krankenhaus. Wer hier arbeitet, muss Kittel und Haarnetz tragen, an den Wänden hängen Hinweis- und Verbotsschilder. Es ist das Labor der Kooperative, hier wird den Samen von elektrisch betriebenen Pressen das Öl entrungen. „Früher mussten wir das alles per Hand machen", sagt Nadia Fatmi. „Aber heute haben wir ja die hier". Sie klopft mit den Fingern auf eine der blank polierten Pressen. Ohne die Maschinen könnte die Kooperative den Anfragen aus aller Welt gar nicht nachkommen. (...)

„Das hier ist besser als Facebook", sagt Nadia Fatmi, während sie in ihrem Büro nebenan Minztee ausschenkt. An den Wänden hängen zwei Dutzend Zertifikate und Auszeichnungen für das Öl der Kooperative, auf dem Schreibtisch stapeln sich noch mehr. Fatmi hat es noch nicht geschafft, sie aufzuhängen. (...)

Doch nicht nur für Fatmi gibt es viel zu tun. Kinder, Kochen, Haushalt, dieser Dreiklang war früher für die Frauen der Lebensinhalt. Rausgehen? Geld verdienen? Männersache. Vor zehn Jahren, als das Projekt begann, konnte Fatmi nur geschiedene oder verwitwete Frauen überzeugen. Nach sechs Monaten kamen die ersten Männer vorbei und fragten, ob ihre Frauen mitarbeiten dürften. Fast 70 Frauen sind es heute, in der Kooperative lernen sie Lesen und verdienen Geld. Für viele hat sich ihr Leben grundlegend geändert. „Seit ich hier arbeite, werde ich anders angeschaut", sagt eine der Frauen. „Ich bin jetzt jemand." (...)

Die Zeit Nr. 41/2015 / Fritz Habekuß / 08.10.2015

Méthodes et stratégies: analyser une séquence de film ► p. 155–156

7 a **Regardez la séquence de «Sur le Chemin de l'école», puis expliquez de quoi il est question. Vous pouvez utiliser un dictionnaire.** ► Webcode APLUS-C-Carnet-21

b **Concentrez-vous maintenant sur la bande sonore, puis répondez en justifiant vos réponses.**

1. Y a-t-il des dialogues? En quelle(s) langue(s) sont-ils? / Comment sont-ils?
2. Décrivez la musique du film.

c **Quels sont les deux mouvements de caméra qui montrent 1) que le chemin est long et 2) qu'il est dangereux? Expliquez l'effet qu'ils produisent sur le spectateur.**

d **Expliquez quand et pourquoi le réalisateur montre Zahira en gros plan.**

VOLET 2

Compréhension écrite, analyse et commentaire

1 a **Vrai ou faux? Cochez la case correspondante.** ▶ Livre, p. 40–41

	vrai	faux
1. Le Marathon des sables (MDS) a lieu tous les ans, en avril, dans le désert du Maroc.	☐	☐
2. Participer au MDS coûte cher.	☐	☐
3. Le MDS attire de plus en plus de coureurs.	☐	☐
4. Pendant le marathon, les coureurs courent environ 250 km.	☐	☐
5. Des camions suivent les coureurs avec leurs affaires, leur nourriture et l'eau.	☐	☐
6. Des coureurs d'une vingtaine de nationalités participent au MDS.	☐	☐
7. Pour pouvoir participer à ce marathon, il faut avoir au moins 18 ans.	☐	☐
8. Pendant la course, un hôpital mobile suit les coureurs.	☐	☐

b **Corrigez les phrases fausses.**

2 **Relevez dans le texte tous les passages qui montrent les difficultés du** *Marathon des Sables*. **Notez aussi les lignes où vous avez trouvé les informations.**

3 **Expliquez ce que veut dire Mona quand elle dit: «Le désert, ce n'est pas un stade d'athlétisme.» (l. 47).**

Compréhension orale

CD 2

4 **Al-Zaman: un nouveau Las Vegas? Lisez les phrases suivantes, écoutez l'interview, puis corrigez les phrases.**

1. La ville d'Al-Zaman sera construite dans le désert du Sahara mauritanien.
2. Cette ville touristique pourra accueillir 700 000 personnes.
3. La ville s'appellera Al-Zaman qui veut dire «le temps» parce que les gens auront beaucoup de temps pour la visiter.
4. Tous les bâtiments seront en forme de pyramide.
5. L'idée de ce projet est de refaire un «Las Vegas» dans le désert.
6. La construction d'Al-Zaman coûtera environ 14 milliards d'euros.

© Fotolia / masar1920

Aides: **le sablier** die Sanduhr **recueillir l'eau** das Wasser auffangen **le bâtiment** das Gebäude

Vocabulaire et expression

5 a **Relevez, dans l'article, p. 40–41, les mots et expressions qui se rapportent au marathon et à la course et notez-les.** ▶ Livre, p. 40–41

b **Parmi les mots et expressions que vous avez trouvés, soulignez les mots de la même famille. Choisissez une couleur différente pour chaque famille de mots.**

c **Complétez votre liste par d'autres mots de la même famille que vous connaissez déjà. Votre liste vous servira pour les exercices de votre manuel, p. 42/6, 7.**

6 a Complétez les phrases ci-dessous par les expressions suivantes.

j'en rêve! ça y est! il faut y croire il faudra que je m'y habitue j'en suis sûr/e j'en ai marre! il faut que j'y aille j'y suis arrivé/e

1. ______________________ On est arrivés!
2. On a très peu de chance de réussir, mais ______________________
3. Il faisait bien trop chaud et j'avais mal partout, mais ______________________
4. ______________________ J'ai encore perdu la course.
5. Partir en vacances avec mes amis sans mes parents, ______________________
6. ______________________, on m'attend.
7. Courir par ces températures, ce sera dur, ______________________
8. Il a oublié notre rendez-vous, ______________________

b Imaginez un dialogue d'environ 120 mots entre deux participant(e)s du MDS. L'un(e) est plutôt optimiste, l'autre plutôt pessimiste. Utilisez quatre expressions de a. ► Méthodes, p. 147/18

Grammaire

7 a Lisez cet article, puis soulignez les cinq formes au passif. ► Grammaire, p. 118/12

Le champion d'Essaouira

© Reuters / Borja Suarez

Boujmaâ Guilloul est né au Maroc, à Essaouira. Tout jeune déjà, il était attiré par les vagues. Il commence à apprendre le windsurf à l'âge de 12 ans. À 18 ans, il participe à sa première compétition internationale à Hawaï où il arrive 31e sur 64. Peu à peu, il devient un grand champion de windsurf. Il fait la fierté d'Essaouira et de tout le Maroc. Boujmaâ Guilloul est très encouragé par ses fans.

Aujourd'hui, il est un des meilleurs windsurfers du monde. Et c'est le seul windsurfer marocain à être aussi célèbre. À toutes les compétitions auxquelles il participe, des photographes et journalistes sont présents. «Dans le monde entier, beaucoup d'articles ont déjà été écrits sur notre sportif.», dit-on fièrement à Essaouira. Grâce à Boujmaâ Guilloul, tous les magazines spécialisés parlent d'Essaouira.» Le champion surfe sur les plus grandes vagues du monde entier et revient régulièrement au Maroc enseigner le surf aux jeunes de sa région où il est attendu avec impatience et accueilli avec enthousiasme.

b Récrivez les phrases au passif de a à la voix active.

© Fotolia/ViewApart

8 **Donnez des informations sur le Marathon des Sables. Utilisez les formes du passif qui conviennent.** ▶ Grammaire, p. 118/12

1. Le MDS / *créer* / en 1986 par Patrick Bauer.

2. Pendant la course, les participants / *suivre* / par les organisateurs.

3. Les coureurs / *accompagner* / par des médecins.

4. S'il le faut, ils / *soigner* / dans l'hôpital mobile.

5. L'association «Solidarité Marathon des Sables», qui aide les gens défavorisés, / *fonder* / en 2010.

6. À l'avenir, des efforts / *faire* / pour trouver plus de sponsors.

Méthodes et stratégies: Écrire un commentaire personnel ▶ p. 148/20

9 a **Classez les expressions ci-dessous dans les rubriques suivantes. Faites un tableau.**

D'un côté ___, de l'autre côté ___.
D'abord, / Pour commencer, / Premièrement, ___.
À mon avis, ___.
Je pense / Je crois que + *indicatif*
Dans l'ensemble, on peut dire que ___.
C'est pourquoi ___ / C'est pour cela que ___.
Pourtant, / Mais, / Au contraire, ___.
Je suis sûr/e que ___
Je ne suis pas d'accord avec ___.
Ensuite, / Deuxièmement, ___.
Il faut dire que ___.
Je ne pense / crois pas que + *subjonctif*
Pour finir, / Pour terminer, ___.
C'est la raison pour laquelle ___.
On voit donc que ___.

Seine Gedanken gliedern	*Gedanken abwägen*	*Seine Meinung äußern*	*Schlussfolgerungen ziehen*

CD 2 **b** **Construire une ville touristique dans le désert: À votre avis quels sont les avantages et quels sont les inconvénients? Réécoutez l'interview avec Asma, puis faites une liste. Vous pouvez utiliser un dictionnaire.** ▶ Exercice 4, p. 22

c **Construire une ville touristique dans le désert: Êtes-vous pour ou contre? Écrivez un commentaire personnel. Vous pouvez utiliser un dictionnaire.** ▶ Méthodes, p. 148/20

VOLET 3

Vocabulaire et expression

1 **Retrouvez, dans l'extrait de la nouvelle, le synonyme des mots ou expressions suivants. Faites un tableau.** ▶ Livre, p. 45–47

1. frapper à la porte	6. ne pas avoir le temps	11. énervé/e
2. très petit/e	7. les mots	12. une enfant
3. d'un blanc parfait	8. épouser qn	13. se parler
4. couper la parole à qn	9. permettre qc	14. agir un peu trop vite
5. avoir très bonne réputation	10. faire partie de qc	15. la relation

2 a **Retrouvez ce qui va ensemble, puis notez les expressions et traduisez-les en allemand.** ▶ Livre, p. 45–47

appartenir **1**	**a** la tête
chanter **2**	**b** un vœu
effectuer **3**	**c** à une entrevue
couper **4**	**d** à une génération
entrer **5**	**e** de rire
respecter **6**	**f** à tue-tête
se préparer **7**	**g** la parole à qn
hocher **8**	**h** la vie commune
éclater **9**	**i** une démarche
concevoir **10**	**j** dans une grande fureur

b **Utilisez six de ces expressions dans des phrases.**

Production écrite

3 **Après avoir parlé à Si Mahmoud, Abbas essaie encore une fois d'aborder Malika, un jour où il la rencontre dans la rue. Imaginez un dialogue entre les deux personnages. Écrivez le dialogue sous forme de scène de théâtre.** ▶ Méthodes, p. 147/18

- **Lisez bien l'indication avant d'écrire.**
- **Relisez l'histoire, p. 45–47.**
- **Respectez le caractère des deux personnages ou/et ce que vous savez d'eux.**
- **Notez vos idées en français avant d'écrire le dialogue.**

Grammaire

4 **Formulez les phrases suivantes différemment sans en changer le sens.** ▶ Grammaire, p. 117/11

1. Marc, <u>voyageant pour la première fois au Maroc</u>, a voulu visiter un tas d'endroits.
2. <u>Les hôtels de Tiznit étant complets</u>, il n'a pas trouvé de chambre le premier jour.
3. <u>Ne sachant pas où aller</u>, il a appelé Rachid, l'ami d'un ami marocain.
4. <u>Ne connaissant pas la ville</u>, il a cherché longtemps la maison de Rachid.
5. <u>Voyant</u> qu'il allait bientôt faire nuit, il s'est dépêché.

5 a **Lisez l'extrait de roman ci-dessous. Pour mieux le comprendre, soulignez d'abord les neuf formes au passé simple, puis notez l'infinitif de ces formes.** ► Grammaire, p. 119/14

b **Expliquez au présent le problème d'Adam et la solution qu'il trouve.**

Adam, un ingénieur marocain, décide brusquement de quitter l'Europe où il vit et retourne dans sa ville natale, Azemmour, au sud-ouest de Casablanca. Il s'installe chez une vieille tante, Nanna, qui lui propose une chambre dans la maison familiale où elle vit avec une petite fille.

Pendant deux semaines, il y passa le plus clair de ses journées, étendu sur son lit. (...) Trois fois par jour, on le nourrissait. La petite fille (ou Nanna, certains jours) entrait dans la chambre et déposait un plateau par terre. C'était souvent un bol de soupe, du pain, quelques dattes. Le vendredi, on lui apportait du couscous. C'étaient les voisins qui l'offraient (...) car Nanna était trop vieille pour cuisiner elle-même un couscous. (...)

Il se levait deux ou trois fois par jour pour aller se laver le visage ou les mains. Il avait oublié où étaient les toilettes dans cette maison qu'il n'avait pas revue depuis son enfance. Quand il dut demander à Nanna, la première fois, cela donna une saynète incongrue[1]. Nanna ne parlait pas un mot de français, lui ne savait pas comment on disait «WC» en arabe dialectal[2].

– Nanna, où sont les ...?

– Quoi, mon fils?

Le visage édenté[3], ahuri[4], était tourné vers lui dans l'attente de plus de précision. Fallait-il mimer la chose? Mimer quoi? Montrer? (Montrer quoi?)

– Les ...

– Les quoi, mon fils?

Il se souvint que le mot «mirhad» était écrit sur les toilettes publiques. Mais c'était de l'arabe littéraire. Allait-elle le comprendre?

– Le mirhad, Nanna. Où est le mirhad?

Peine perdue. Elle continuait à le regarder avec stupéfaction[5]. Il parlait, cet étrange neveu, mais que disait-il?

De guerre lasse, il se prit le ventre à deux mains et simula les affres d'une colique carabinée[6]. Il sautilla[7] sur place pour donner du poids à la démonstration. Le visage de l'aïeule[8] s'éclaira[9]:

– Le «canifou»? C'est par là.

Il alla au canifou.

Extrait de: Les tribulations du dernier Sijilmassi / Fouad Laroui / Éditions Julliard 2014, pages 141–143

1 **une saynète incongrue** eine ungehörige Farce 2 **l'arabe dialectal** l'arabe qu'on parle dans une région précise ≠ l'arabe littéraire 3 **édenté/e** *adj.* zahnlos 4 **ahuri/e** *adj.* (völlig) verblüfft, verdutzt 5 **avec stupéfaction** mit Verblüffung 6 **les affres d'une colique carabinée** die Schmerzen eines gewaltigen Durchfalls 7 **sautiller** (umher) hüpfen 8 **l'aïeule** *hier:* la vieille femme 9 **s'éclairer** aufleuchten

6 **Complétez les phrases suivantes par des formes du verbe *interrompre* aux temps qui conviennent.**
► Verbes, p. 136

1. S'il te plaît, ne m'____________________ pas tout le temps quand je parle, ça m'énerve!

2. Il a plu pendant deux semaines, alors on ____________________ notre voyage.

3. Je ne comprends pas pourquoi tu veux ____________________ tes études.

4. Chut! Il n'aime pas qu'on l'____________________ dans son travail.

5. Pourquoi est-ce que tes parents ____________________ la fête? On fait trop de bruit?

1 *Après avoir/être* + participe passé

Racontez ce qu'ils ont fait. Utilisez après *avoir/être + participe passé*.

1. Farid et Dounia:
   Nous avons passé la nuit à Marrakech, puis nous sommes partis dans l'Atlas. Nous nous sommes reposés quelques jours dans un petit village et nous avons continué notre voyage.
2. Aïcha:
   Je suis arrivée chez mes cousins et j'ai visité Casa avec eux. On a mangé un couscous dans le centre-ville et on a fait les boutiques dans le quartier des Habbous.

2 Le pronom possessif

Complétez les phrases par le pronom possessif qui convient.

1. Tu peux passer ton GPS à Max? ______________ ne marche plus.
2. Hé! Cette chemise n'est pas à toi. ______________ est là-bas.
3. Ce ne sont pas les baskets de Luc. ______________ sont noires.
4. Les filles, ces vélos là-bas, ce sont ______________?

© laif / Gregor Lengler

3 Le passif

Que dit le guide aux touristes? Formez les phrases au présent ou au passé composé du passif.

1. La ville de Marrakech / *fonder* / 1071.
2. Elle / *surnommer* / Ville rouge ou Ville ocre / ses habitants.
3. Les remparts de la vieille ville / *construire* / vers 1122.
4. La célèbre mosquée de la Koutoubia / *construire* / sur les ruines d'un palais.
5. C'est à Marrakech qu'un traité d'amitié entre le Maroc et les États-Unis / *signer* / 1787.
6. Le Festival international du film de Marrakech / *créer* / 2001 / et les meilleurs acteurs et actrices / *récompenser* / l'Étoile d'or.

© Fotolia / wildworx

4 *sans* + infinitif

Transformez les phrases suivantes en utilisant *sans + infinitif*.

1. Hier, Ernest est passé devant moi, mais il ne m'a pas parlé!
2. Alors, ce matin, je suis entrée dans la classe et je ne lui ai pas dit bonjour.

5 Comprendre le participe présent

Comment dites-vous cela en allemand? Traduisez les phrases.

1. Étant guide, il voyage beaucoup.
2. Je cherche des correspondants parlant français, anglais et arabe.
3. Comprenant enfin le problème d'Adam, Nanna lui montre les toilettes.

L'Europe: unie dans la diversité

1 Ce tableau montre la ville de Strasbourg vue depuis la ville de Kehl vers 1835. À cette époque, le Rhin constituait, à cet endroit, la frontière entre la France et le grand-duché de Bade.

© Schweizerische Nationalbibliothek, Graphische Sammlung: Sammlung Gugelmann, GS-GUGE-BLEUER-2b-47

Vue de la ville de Strasbourg prise de Kehl

Décrivez le tableau et dites quelles impressions il vous donne de la vie à la frontière à cette époque.

► Méthodes, p. 153/26

paysage? personnages? vêtements? activités? animaux? bâtiments? monuments? couleurs? ambiance? effet? impressions?

Aides: **le grand-duché de Bade** Großherzogtum Baden **le bâtiment** das Gebäude **le garde-frontière** der Wachposten **la calèche** die Kutsche **le bateau à vapeur** der Dampfer **le poteau frontière** der Grenzpfahl **le bâton** der Stock

2 **a** Le Rhin n'a pas toujours été la frontière entre la France et les pays de langues germaniques: Strasbourg a souvent «changé de nationalité». Faites une recherche puis, surlignez sur le schéma ci-dessous les périodes «françaises» de Strasbourg d'une couleur, ses périodes «allemandes» d'une autre couleur.

b Expliquez brièvement pourquoi, à votre avis, on a choisi Strasbourg pour y installer le Parlement européen.

MOTS EN CONTEXTE

1 Chacun son Europe. Pourquoi se battent-ils? Complétez ce que les jeunes disent par les expressions ci-dessous. Mettez les noms au pluriel si nécessaire.

l'égalité *f.* homme-femme   l'emploi *m.*   l'indépendance *f.* énergétique
la liberté *f.* d'expression   le réchauffement climatique   le système éducatif   le tri sélectif

1. Pour moi, ce qui compte, c'est que tout le monde ait du travail! Il faut absolument créer de nouveaux ____________ en Europe!

© Shutterstock / solominviktor

2. Pour moi, l'Europe doit être verte! On ne peut plus continuer à produire autant de déchets! Tous les Européens devraient être obligés de faire ____________.

© Shutterstock / Olena Zaskochenko

3. Si nous voulons une Europe démocratique, il faut que chacun puisse dire ce qu'il pense! Pour moi, ____________ est fondamentale!

© Shutterstock / Ollyy

4. Les femmes doivent avoir les mêmes droits que les hommes! Il faut absolument garantir ____________ en Europe!

© Fotolia / asife

5. À mon avis, le gros problème est le problème de l'énergie! Il faut développer les énergies renouvelables pour garantir ____________ de l'UE et lutter contre ____________!

© Shutterstock / RyFlip

6. Je pense que tous les élèves en Europe devraient avoir une matière qui s'appellerait *Histoire et Culture de l'Europe*, parce que ____________ joue un rôle très important dans la formation des jeunes Européens.

© Shutterstock / Sorbis

2 a Faites un tableau et classez-y les mots ci-dessous. Rajoutez les articles pour les noms et la forme du féminin pour les adjectifs. Puis, complétez votre tableau par des mots de la même famille qui se trouvent dans les passages surlignés du texte ou que vous connaissez déjà. ▶ Mots en contexte, p. 54

indépendant   chaud   climat   créatif   création   défense   durer   égal
fort   forteresse   libre   société   se développer

nom	*verbe*	*adjectif*

b Écrivez au moins dix phrases d'exemples avec des mots de **a**.

VOLET 1

Compréhension écrite, analyse et commentaire

1 **Relisez l'article** *Main dans la main*. **Puis, lisez les phrases ci-dessous et cochez la case correspondante. Ensuite, corrigez les phrases fausses.** ▶ Livre, p. 56–57

	vrai	faux
1. La coopération franco-allemande dans le domaine des trains existe depuis le traité de l'Élysée.	☐	☐
2. La puissance économique est plus forte en Allemagne qu'en France.	☐	☐
3. La concurrence entre la France et l'Allemagne dans le domaine des avions est très forte.	☐	☐
4. Pour participer à un chantier de bénévoles, il suffit d'avoir 14 ans.	☐	☐
5. Les jeunes travaillent toute la journée et se reposent le week-end.	☐	☐
6. Les bénévoles d'un chantier international s'occupent aussi des tâches ménagères.	☐	☐

Vocabulaire et expression

2 **Quel complément ne va pas avec les verbes? Rayez l'intrus. Puis formulez une phrase avec chaque verbe.**

1. desservir	une gare – une ville – un train – une région touristique
2. quitter	une personne – un quai– la calorie – la politique
3. se sentir	différent – vice versa – à l'aise – mal
4. s'habituer	à cette situation – aux autres cultures – à tour de rôle – à la concurrence
5. dépenser	son argent – des responsables – de l'énergie – des calories
6. faire face	à ses agresseurs – aux problèmes – à la concurrence – à venir
7. dépendre	du temps – de l'oublier – de nos amis – de la situation

CD 3 **3** **Dans le train, vous entendez les annonces suivantes. Cochez pour chaque situation la bonne réponse.**

	oui	non
1. Ce train va à Lyon.	☐	☐
2. Vous voulez aller à Cannes. Est-ce que vous êtes dans le bon train?	☐	☐
3. Vous voulez aller à Nice. Est-ce que vous pouvez monter dans ce train?	☐	☐
4. Vous pouvez quitter le train.	☐	☐
5. Si vous voulez aller à Grasse, il faut parler au contrôleur.	☐	☐

Grammaire

4 **Répondez à la question ci-dessous dans votre cahier en utilisant le gérondif.** ▶ Grammaire, p. 117/10

1. poser sa candidature pour un chantier international
2. organiser un échange entre son club de sport et un club de sport européen (avec l'aide de l'OFAJ)
3. aider une association qui s'occupe de cimetières militaires*
4. chanter dans une chorale franco-allemande ou européenne

5. s'engager au Parlement européen des jeunes
6. participer à un stage de théâtre de l'OFAJ
7. écrire un article pour le journal européen en ligne Café Babel
8. faire un stage dans une entreprise internationale

* **le cimetière militaire** Militärfriedhof

5 a **Améliorez le style de cet article sur le journal Café Babel en remplaçant les expressions soulignées par des gérondifs.** ► Grammaire, p. 117/10

Café Babel, c'est un projet de journal européen en ligne dans lequel 1500 auteurs de 21 pays d'Europe écrivent et traduisent des articles en 6 langues différentes.

Lorsqu'ils ont créé Café Babel en 2001, Adriano Farano et Alexandre Heully avaient l'idée de faire un journal 100% jeune et 100 % européen. Ils ont inventé ce site Internet et grâce à lui, ils ont permis à beaucoup de jeunes Européens de s'exprimer sur des sujets qui les intéressent.

Chacun peut participer à ce projet: on écrit des articles, ou on les traduit dans une langue européenne.

Pour les jeunes qui écrivent des articles, le but est d'apprendre le métier de journaliste et de partager en même temps ses connaissances avec tous les lecteurs du site en ligne. Quand on va sur le site de ce journal en ligne, on peut s'informer sur l'actualité politique et culturelle à différents endroits de l'UE.

Café Babel est un projet comme on les aime, car il permet aux Européens de mieux se connaître.

© Cafébabel, le magazine européen

b **Expliquez à votre professeur d'allemand ce que vous avez appris sur le Café Babel et pourquoi il vous intéresse.**

6 **Marie Dulac raconte ses expériences de bénévole sur son blog. Complétez-le par une forme du verbe** ***suffire*** **ou** ***suffire de*****.**

LE BLOG DE MARIE

© Fotolia / Minerva Studio

La première fois qu'on est allés faire des courses, on se posait plein de questions: Est-ce que cinq kilos de pâtes ______ pour trente personnes? Est-ce qu'une grande bouteille d'huile ______ pour toute la semaine?

© Fotolia / lenets_tan

Au début, j'étais dans une chambre où il y avait trop de bruit à cause de la route et je n'arrivais pas à dormir. Heureusement, il ______ en parler à l'animateur. J'ai pu avoir une chambre plus calme.

© Fotolia / Dar1930

Ce qui m'a vraiment plu dans cette expérience de chantier, c'est qu'à la fin, on voyait vraiment le résultat. Quand on est une bonne équipe, une semaine, ça ______ pour reconstruire un mur.

Compréhension orale

CD 4 **7** **Sonia et Phil ont participé à des projets internationaux. Ils racontent leur expérience à la radio. Écoutez l'émission et complétez le tableau.**

Nom du projet	*Thème(s) principal/principaux*	*Activités de la personne qui en parle*	*Avis de la personne qui en parle* ☺/☹
Centre International Albert Schweitzer pour la paix			
Des flammes à la lumière			

Production écrite

8 a Étudiez d'abord l'annonce suivante, puis lisez et commentez les trois lettres de candidature ci-dessous: quels sont les points positifs/négatifs de chaque lettre? ► Méthodes, p. 146/16

CENTRE INTERNATIONAL POUR LA PAIX ALBERT SCHWEITZER
à Niederbronn-les-Bains cherche un/une volontaire pour un an.
Chaque année, le centre accueille trois jeunes Européens qui accompagnent nos hôtes pendant leur séjour.
Vous avez entre 18 et 30 ans? Vous voulez vous engager pour la paix et la compréhension entre les peuples? Vous aimez travailler avec des enfants et des adolescents? Alors vous pouvez poser votre candidature comme volontaire européen.
Tâches: aide à l'organisation des tâches ménagères (cuisine, rangement), organisation des soirées, accompagnement lors d'activités sportives et culturelles (visite des lieux de mémoire des deux guerres mondiales et du quartier européen à Strasbourg). ☞

© Volksbund Deutsche Kriegsgräberfürsorge

➲ **1** Salut! La paix, je trouve ça cool et j'aime bien m'occuper des enfants (je m'occupe déjà d'une équipe de foot de 8–10 ans dans mon club). Par contre les musées, ce n'est pas trop mon truc! Est-ce que la place est encore libre? Ça m'intéresse vraiment! À plus! Tony
PS: Combien est-ce qu'on gagne?

➲ **2** Monsieur, Madame, Étudiante de première année en master d'histoire, je suis très intéressée par le travail sur le thème du souvenir que vous faites au Centre international pour la paix. Préparant actuellement un travail de recherche sur la Première Guerre mondiale, j'adorerais organiser des visites guidées sur ce thème en Alsace. C'est la raison pour laquelle, j'espère avoir bientôt de vos nouvelles. Avec mes salutations respectueuses,
Laura Müller

➲ **3** Aux responsables du Centre international pour la paix
Venant de réussir mon bac, je voudrais avoir une expérience pratique avant de commencer mes études. Sportive, créative et organisée, j'ai appris dans le cadre de mon travail comme babysitter, à m'occuper en même temps du ménage et des enfants. Membre de l'association «Wir trommeln für den Frieden», je me sens très concernée par le thème de la paix dans le monde. Je suis à votre disposition pour toute question supplémentaire. Veuillez recevoir mes salutations distinguées, Jasmina Goll

b Imaginez que vous avez 18 ans et formulez une lettre de candidature pour le poste proposé en prenant des idées dans les lettres de a. ► Méthodes, p. 146/16

VOLET 2

Grammaire

1 **Vous préparez un numéro spécial du journal de votre lycée sur les relations européennes. Rédigez des titres d'articles selon le modèle. Utilisez le pronom relatif** *dont*. ▶ Grammaire, p. 128/29

1. Airbus / un projet / les Français et les Allemands / *être* fiers de qc (*présent*)
   Exemple: 1. Airbus, un projet dont les Français et les Allemands sont fiers.
2. la crise de l'euro / un problème / nous / ne pas assez *se préoccuper* de qc (*présent*)
3. le programme d'échange Érasmus / une possibilité / plus de 3 millions d'étudiants européens / déjà *profiter* de qc (*passé composé*)
4. la paix dans le monde / une valeur / tous les citoyens / *rêver* de qc (*présent*)
5. Joyeux Noël / un film de 2005 sur la guerre de 14–18 / les gens / *se souvenir* encore de qc (*présent*)
6. l'entrée de nouveaux pays dans l'UE / une question / on / *parler* longtemps de qc (*futur*)

2 **Complétez le quiz par le pronom relatif qui convient et notez les solutions.** ▶ Grammaire, p. 128/28–29

LE QUIZ

1. C'est le nom d'un train français __________ correspond à l'ICE allemand: __________________
2. C'est le nom d'un avion __________ les Français et les Allemands ont développé ensemble: __________________
3. C'est un pays __________ la capitale est Madrid: __________________
4. C'est le nom de l'entreprise __________ s'occupe des trains en France: __________________
5. C'est le nom de la ville __________ se trouve la Promenade des Anglais: __________________

© Fotolia/Aleksandar Todorovic

6. C'est un organisme __________ organise des échanges entre les jeunes Français et les jeunes Allemands: __________________
7. C'est la région __________ se trouve Castellane: __________________
8. C'est une institution européenne __________ le siège se trouve à Strasbourg: __________________
9. C'est un pays __________ les jeunes peuvent déjà voter à 16 ans: __________________

3 **Parlez de vous et de ce qui est important pour vous. Écrivez le plus de phrases possibles en utilisant le tableau ci-dessous.** ▶ Grammaire, p. 129/30

___,	c'est un/ l'endroit c'est une valeur c'est le/un problème c'est une idée c'est une personne c'est ___	∅	auquel à laquelle	je m'identifie. j'habite. je pense souvent. je dois/nous devons trouver une solution. je crois. il y a ___. je suis souvent. je m'intéresse. ___.
		à côté à cause près ___	duquel de laquelle	
___,	ce sont des endroits *m.* ce sont des valeurs *f.* ce sont des problèmes *m.* ce sont des idées *f.* ce sont ___	∅	auxquels auxquelles	
		à côté à cause près ___	desquels desquelles	

4 **Complétez les dialogues par le pronom démonstratif qui convient.** ▶ Grammaire, p. 114/7

– Tu as participé à la rencontre de Barcelone?

– Non, mais j'étais à ____________________ de Berlin.

– Tu es membre du parti des Verts?

– Non, de ____________________ des pirates.

– Tu t'intéresses aux romans historiques?

– Pas trop, je préfère ____________________ qui parlent de notre époque!

– Comment est-ce que tu as trouvé les propositions de Sven?

– Bof, pas géniales. Par contre, je suis tout à fait d'accord avec ____________________ de Lucie!

Compréhension audiovisuelle

5 **Regardez un reportage réalisé pour les 25 ans du programme Érasmus dans lequel quatre jeunes, Arnaud, Susanne, Aïssa et Déborah témoignent. Résumez leur expérience.** ▶ Webcode APLUS-C-Carnet-34

pays d'échange? points positifs? points négatifs? autres infos?

VOLET 3

Compréhension, analyse et commentaire

1 **Des élèves ont pris des notes pour analyser les caricatures. Notez pour chaque phrase de quelle caricature on parle.** ▶ Livre, p. 66–67

a ☐ Sur l'image, on voit trois couples franco-allemands.
b ☐ La scène se passe pendant la première guerre mondiale.
c ☐ Un Français et une Allemande portent ensemble un pullover bleu avec des étoiles qui ressemble au drapeau européen.
d ☐ Au centre, on voit un vieux moteur qui ne fonctionne plus très bien.
e ☐ Ce document est une caricature en noir et blanc.
f ☐ La scène montre que la France et l'Allemagne dépendent l'une de l'autre.
g ☐ L'intention de l'auteur est peut-être de montrer que le président français et la chancelière allemande ne contrôlent plus la situation.
h ☐ L'attitude et les gestes montrent que le couple franco-allemand va moins bien aujourd'hui qu'au temps de De Gaulle et Adenauer.
i ☐ La caricature est parue en 2010.
j ☐ Le message de la caricature est positif, car il montre le chemin que la France et l'Allemagne ont parcouru: les deux pays étaient ennemis et maintenant ils coopèrent dans de nombreux domaines comme la télévision par exemple.
k ☐ La caricature montre qu'il y a des problèmes et que les Européens ne se sentent pas toujours bien dans l'UE.
l ☐ Ce vêtement en commun n'est pas très agréable à porter et les personnes ne se sentent pas bien.

Vocabulaire et expression

2 **a** **Classez les phrases de 1 dans le tableau ci-dessous et soulignez les expressions que vous pouvez réutiliser pour parler d'une autre caricature.**

présenter	*décrire et analyser*	*dégager le message*	*commenter*
	Sur l'image, on voit trois couples franco-allemands.		

b **Lisez le texte modèle, p. 155, et complétez votre tableau par d'autres expressions que vous y trouvez.**

Révisions: le passé composé et l'imparfait

3 **a** **Voici un aperçu historique sur les relations franco-allemandes. Mettez les verbes entre parenthèses à la forme qui convient (*imparfait* ou *passé composé*).** ▶ Pense-bête, p. 217

L'amitié entre la France et l'Allemagne (ne pas toujours *exister*). Pendant plusieurs siècles, en effet, les deux pays (*se battre*) dans des guerres terribles. Strasbourg, ville frontière et de passage entre les deux puissances, (toujours *jouer*) un rôle important dans les conflits franco-allemands. La ville (*changer*) plusieurs fois de nationalité. Par exemple, depuis la victoire de Bismarck en 1871, Strasbourg (*appartenir*) à l'Allemagne. Les habitants (*parler*) donc allemand. Mais après la Première Guerre mondiale, en 1918, la ville (*redevenir*) française. La langue officielle (*être*) de nouveau le français.

De plus, la ville (*devoir*) aussi faire face à d'autres problèmes liés à la guerre. Au début de la Seconde Guerre mondiale, par exemple, de nombreux Strasbourgeois (*fuir*) devant l'armée nazie qui (*menacer*) d'envahir le pays. Les Français (*détruire*) le pont du Rhin qui (*relier*) Strasbourg à Kehl pour empêcher les ennemis de passer.
En 1960, la France et l'Allemagne (*reconstruire*) ensemble un pont sur le Rhin et lui (*donner*) un nom symbolique: le pont de l'Europe. Mais c'est grâce au traité de l'Élysée que Adenauer et De Gaulle (*signer*) le 22 janvier 1963 que l'amitié franco-allemande (*naître*).

b **Préparez trois questions sur les informations de a et posez-les à votre partenaire, qui répond.**

Production écrite

4 **a** **Voici une caricature de Walter Trier. Décrivez-la et expliquez pourquoi, à votre avis, le dessinateur a représenté l'Europe de cette manière.** ► Méthodes, p. 154/27

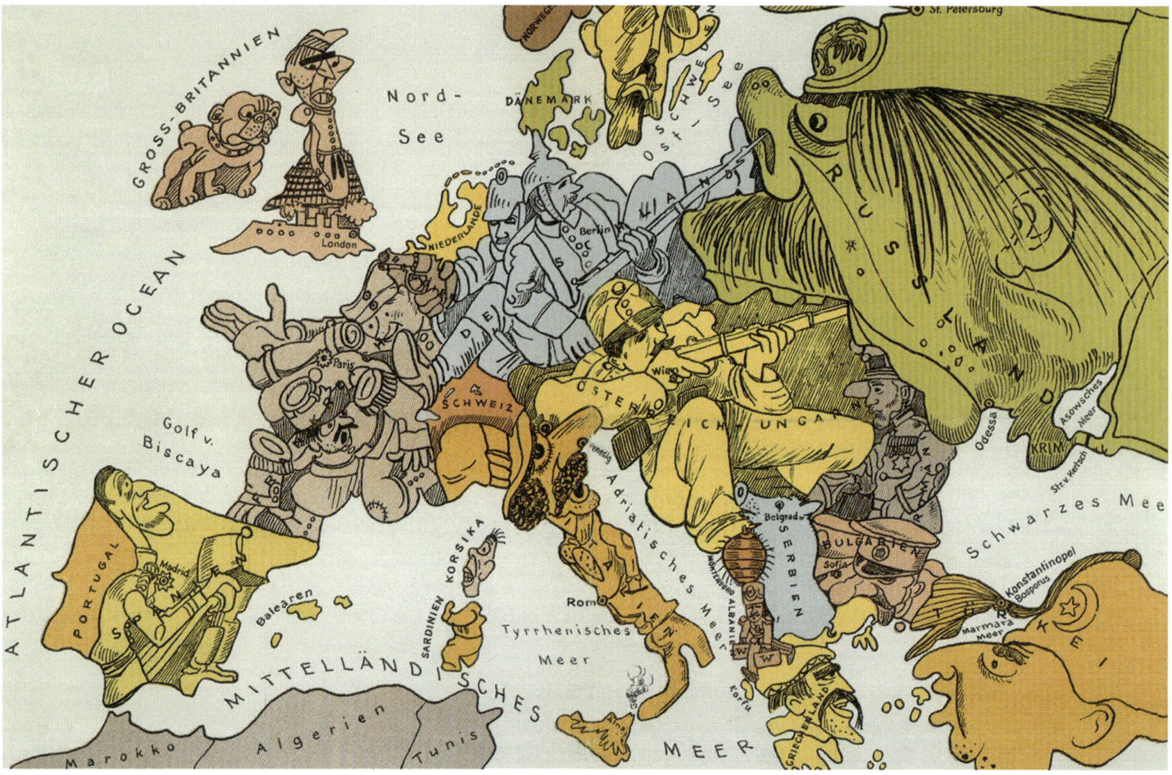

© akg-images

Walter Trier, Karte von Europa im Jahre 1914, 1914

- Tenez compte de la date de parution!
- Informez-vous sur les évènements de cette époque.
- Informez-vous sur les activités de Walter Trier à cette époque.
- Vous trouverez le nom des pays et capitales d'Europe en français dans votre livre, p. 211.
- Vous pouvez aussi utiliser un dictionnaire.

b **Comment représenteriez-vous l'Europe aujourd'hui? Vous pouvez faire un dessin ou un collage ou bien écrire un texte.**

1 Le gérondif

Écrivez des mini-dialogues dans votre cahier selon le modèle. Utilisez le gérondif.

Exemple: – Comment est-ce que Maeva a appris le français? – En chantant les chansons de Stromae.

1. Maeva / *apprendre* le français / *chanter* les chansons de Stromae
2. Étienne / *trouver* un travail / *surfer* sur Internet
3. Claire / *réussir* à écrire sa lettre de motivation / *réfléchir* et *lire* les conseils de son livre.
4. Diego / *avoir* des informations / *écrire* à l'OFAJ

2 Le pronom relatif *lequel* avec les prépositions *à* et *de*

Complétez avec ***à laquelle, auquel, auxquels, auxquelles*** **ou** ***duquel.***

1. Le musée à côté __________ se trouve notre auberge de jeunesse s'appelle Carnavalet.
2. La station __________ il faut descendre pour aller à l'auberge s'appelle Saint-Paul.
3. Les deux jeunes __________ nous avons demandé notre chemin n'ont pas pu nous aider.
4. Le monsieur __________ nous avons parlé après, ne comprenait pas le français.
5. Heureusement, nous avons rencontré trois femmes, grâce __________ nous avons pu trouver notre auberge.

3 Le pronom relatif *dont*

Comment est-ce que vous dites cela en allemand? Écrivez dans votre cahier.

1. Le garçon dont je suis amoureuse est péjiste à Montpellier!
2. Le truc dont je suis hyper fière, c'est que j'ai réussi à lui parler hier à la fête!
3. Il faudrait que j'aille à la réunion dont il m'a parlé ... je l'y reverrai, c'est sûr!

© Fotolia / Ocskay Bence

4 Le pronom démonstratif

Complétez avec le pronom démonstratif qui convient.

1. – Tu as vu le film où Dany Boon travaille à la poste dans le nord de la France?

   – Non, mais j'ai vu __________ où il travaille à la frontière entre la France et la Belgique.

2. – Tu connais les dessins de Geluck?

   – Non, mais je connais __________ de Kroll!

3. – Tu connais la chanson d'Irie Révoltés sur le travail?

   – Non, mais je connais __________ sur les frontières de l'EU.

D Destination le Cameroun

1 a Décrivez cette photo. ▶ Méthodes, p. 153/26

© laif / HOA-QUI / Maurice ASCANI

Aides: le griot, la griotte en Afrique, personne qui raconte et/ou chante l'histoire de son ethnie **le boubou** un vêtement traditionnel **la chéchia** un chapeau traditionnel **le tambour** un instrument de percussion **le kakaki** une sorte de trompette camerounaise

b Pour quelle occasion ces griots pourraient-ils faire de la musique? Formulez des hypothèses.

2 Écoutez sur Internet des titres de chanteurs camerounais. Choisissez une chanson, puis présentez-la à votre partenaire. Vous pouvez réécouter cette chanson ensemble.

Sally Nyolo   Joëlle Esso   Manu Dibango

Aides: la voix du chanteur / de la chanteuse; les paroles; le message de la chanson; la langue nationale; la mélodie; le style de musique; le rythme

MOTS EN CONTEXTE

1 Complétez ces phrases par des mots ou expressions surlignées de Mots en contexte. ▶ Livre, p. 74

1. O___ d_____ d___ Cameroun q_____ c'_______ l'Afrique en miniature parce qu'on y trouve u___ g________ n___________ d___ cultures africaines et des paysages et des climats propres à l'Afrique.

2. On y trouve des régions d___ s___ dans le nord, l___ f___ é___ dans le sud et l___ h___ p___ dans l'ouest. Dans les montagnes, il p___ f___ f___.

3. Au Cameroun, l'eau est une r___ r___. L'e___ d___ r___ n'est pas p___. C'est pourquoi les habitants doivent l'acheter aux bornes fontaines publiques.

4. Le Cameroun a été une c___ allemande jusqu'en 1918. O___ d___ a___ Allemands la construction de la ligne de c___ d___ f___. Puis le pays est devenu français et anglais. À partir de 1960, il est devenu i___.

5. Le Cameroun c___ e___ 23 m___ d'habitants.

6. Au Cameroun, il y a deux l___ o___: le français et l'anglais. Et il y a autant de l___ n___ que d'e___. C'est pourquoi le français sert de l___ c___ à la population camerounaise.

7. Au Cameroun, o___ p___ plusieurs religions. Il y a des c___, des m___ et des a___. L___ a___ sont importants pour les animistes.

2 Complétez les phrases suivantes par les adjectifs qui conviennent. Pensez à l'accord. ► Livre, p. 74

© mauritius images / Alamy / Tim E. White

1. Douala est la capitale ___ du Cameroun.
2. Yaoundé est la capitale ___ du Cameroun.
3. Au Cameroun, il n'y a pas une langue ___ mais deux.
4. Le bassa est une langue ___ qu'on parle au Cameroun.
5. Les Camerounais utilisent aussi quelques mots d'origine ___ comme «Bahnhof».
6. Dans le nord, il y a des régions de savane au climat ___ et ___.
7. Dans le sud, on trouve la forêt ___ au climat ___ et ___.
8. La fête de l'eau, qu'on appelle le ngondo, est une fête ___.
9. Dans les proverbes camerounais, on retrouve la sagesse ___.

VOLET 1

Compréhension écrite, analyse et commentaire

1 **Qu'apprenez-vous sur la vie au Cameroun? Relisez le texte, p. 76–77, puis cochez la réponse correcte.**

1. Les épreuves du rite de passage à l'âge adulte ont pour but ...
   a ☐ ... de faire peur aux jeunes.
   b ☐ ... de montrer de façon symbolique aux jeunes que la vie est difficile.
   c ☐ ... d'expliquer aux jeunes les paroles magiques des ancêtres.

2. Au Cameroun, on offre des cauris à quelqu'un ...
   a ☐ ... pour lui montrer qu'on l'aime.
   b ☐ ... pour lui demander de protéger sa famille.
   c ☐ ... pour lui porter bonheur.

3. Au Cameroun, un chantier est un lieu où on va pour ...
   a ☐ ... danser. b ☐ ... manger. c ☐ ... travailler.

4. Au Cameroun, le jus est ...
   a ☐ ... une boisson chaude. b ☐ ... de l'eau plate. c ☐ ... une boisson gazeuse.

5. Au Cameroun, on répond «On est là!» à la question ...
   a ☐ «Vous êtes où?» b ☐ «Ça va?» c ☐ «Vous arrivez quand?»

6. Le makossa est ...
   a ☐ ... une langue nationale. b ☐ ... un plat typique. c ☐ ... un style de musique.

7. En Afrique, les vieillards ont une place importante dans la société ...
   a ☐ ... parce qu'ils savent bien raconter des histoires.
   b ☐ ... parce qu'ils s'occupent bien de leur famille.
   c ☐ ... parce qu'ils ont beaucoup d'expérience et un grand savoir.

Production écrite

2 **Félix est persuadé que les rêves se réalisent quand on y croit vraiment. Qu'en pensez-vous? Donnez votre avis et justifiez votre réponse.** ► Livre, p. 76–77

Compréhension orale

CD 5

3 **a Vrai ou faux? Lisez les phrases suivantes, puis écoutez l'émission de radio. Cochez la bonne case.**

	vrai	faux
1. Le bâton de manioc se prépare dans des feuilles de bananier.	☐	☐
2. Le bâton de manioc au Cameroun correspond au pain en France.	☐	☐
3. Le ndolé, ce sont des feuilles qu'on utilise comme un légume.	☐	☐
4. Le poulet DG, ça veut dire poulet Directeur Général parce que c'est un directeur général qui a inventé la recette.	☐	☐
5. Le poulet DG est un plat de fête.	☐	☐
6. Avoir un chantier permet aux familles de mieux vivre	☐	☐
7. Au Cameroun, traditionnellement, ce sont les hommes qui ont un chantier.	☐	☐
8. L'émission radio Cuisine des cinq continents passe tous les samedis.	☐	☐

Aides: **les crevettes** *f. pl.* die Krabben **le bananier** der Bananenbaum **les épinards** *m. pl.* der Spinat
la pâte d'arachides die Erdnusspaste **les haricots** *m. pl.* die Bohnen **le poivron** die Paprikaschote

b Écoutez l'émission une deuxième fois, puis corrigez les phrases fausses.

c Notez ce qu'il faut pour préparer le ndolé.

bâtons de manioc

© Cornelsen/Burcu Kilic

ndolé

© Cornelsen/Verena Simon

Vocabulaire et expression

4 a Retrouvez le mot ou l'expression qui convient, dans le texte, p. 76–77, et complétez ces phrases.

1. C'est un synonyme de «se trouver»: ____________________.
2. Dans le monde animiste, c'est une personne qui peut communiquer avec les ancêtres et voir l'avenir: ____________________.
3. ____________________, ce sont des épreuves que les jeunes doivent passer à la puberté pour faire connaissance avec les difficultés de la vie.
4. Quand on ____________________ à quelqu'un, il ne peut rien voir.
5. Pour devenir médecin, il faut d'abord ____________________ à l'université.
6. Quand quelqu'un n'est pas avec nous mais qu'on aimerait être avec lui, il nous ____________________.
7. ____________________, c'est le premier enfant d'une famille.
8. ____________________, c'est une personne qui est de la même famille.

b Écrivez une définition pour chacun/e des mots ou expressions suivants en tenant compte du contexte. ► Livre, p. 76–77

être persuadé/e — un docker — cultiver qc — un vieillard — avoir du respect pour qn — se transmettre de bouche à oreille

Grammaire

5 Complétez les phrases suivantes par des formes du verbe *s'asseoir* aux temps/modes qui conviennent. ► Verbes, p. 139

présent — passé composé — futur composé — impératif (2 x) — infinitif — subjonctif

1. – Ne reste pas devant la porte! Entre et ____________________-toi.
   – Non merci, je ne veux pas ____________________.

►►

2. – Les enfants, ne _______________ pas là, c'est humide.

– Venez, on _______________ ici.

3. Les filles _______________ et elles ont écouté de la musique.

4. – Je suis fatigué. Il faut que je _______________ un moment.

– Moi aussi, j'en ai assez, je _______________ et je ne bouge plus!

6 Complétez les phrases suivantes par des formes du verbe *mourir* aux temps/modes qui conviennent.

▶ Verbes, p. 137

présent   passé composé   imparfait   subjonctif

1. Au 21e siècle, les gens _______________ plus vieux qu'autrefois.
2. Avant, les gens _______________ beaucoup plus jeunes.
3. Louis Pasteur est né en 1822 et il _______________ en 1895.
4. Lucas a peur que son chat _______________ parce qu'il est très malade.

7 Quels sont les projets de Miriam? Rayez les formes des verbes qui ne vont pas.

▶ Grammaire, p. 120/15

1. Quand *je passerai / j'aurai passé* mon bac, *je ferai / j'aurai fait* des études à Paris.
2. *Je resterai / Je serai restée* en France, quand *je finirai / j'aurai fini* mes études.
3. Quand *je trouverai / j'aurai trouvé* un travail, *je chercherai / j'aurai cherché* un appartement plus grand.
4. Ma sœur *viendra / sera venue* habiter chez moi, quand *je m'installerai / je me serai installée* dans mon nouvel appartement.
5. *J'enverrai / J'aurai envoyé* à ma famille l'argent que *je gagnerai / j'aurai gagné.*

© Shutterstock / michaeljung

8 a Que disent-ils? Faites l'accord du participe passé.

▶ Grammaire, p. 127/27, Pense-Bête, début du carnet

1. – Ces bâtons de manioc, c'est ta mère qui les a préparé_____?

– Non, c'est moi qui les ai fait_____!

© Cornelsen / Burcu Kilic

2. – Ces filles qu'on a vu_____ au marché, tu les connais?

– Tu ne les as pas reconnu_____? Ce sont les sœurs et la tante de Doris.

© Fotolia / Daniel Ernst

3. – Je ne trouve plus la robe rouge que Tante Iris m'a offert______.

– Ah, ce n'est pas moi qui l'ai pris______!

© Shutterstock / DenisFilm

4. – Tu les as payé______ combien, ces chaussures de foot?

– C'est mon oncle qui les a acheté______ à Douala.

© Shutterstock / jocic

b La grande sœur d'Ida fait des études à Paris. Lisez la lettre d'Ida à sa sœur. Ajoutez les formes au participe passé, puis faites l'accord si nécessaire. ► Grammaire, p. 127/27

© Fotolia / karelnoppe

Chère Rachel,

Merci pour ta lettre et les magnifiques photos de la tour Eiffel que tu as ______! Pourquoi est-ce que tu n'as pas ______ les bateaux sur la Seine? (prendre / photographier) Est-ce que tu es allée au musée du Louvre? Est-ce tu l'as ______? Et l'avenue des Champs-Élysées, est-ce que tu l'as ______? (visiter / voir) Est-ce que tu as ______ Tante Raïssa? Est-ce qu'elle t'a déjà ______ chez elle? Est-ce que tu as ______ des Camerounais à Paris? Qui est Marie? Où est-ce que tu l'as ______? Et ce garçon que tu as ______ à l'université, est-ce que tu l'as ______? (voir / inviter / rencontrer / connaître / rencontrer / revoir) Ici tout va bien. Hier, notre grand-mère nous a ______, Chantal et moi, parce que les parents étaient aux champs. On les a ______ jusqu'à la nuit. Alors, notre grand-mère nous a ______ à manger: des haricots rouges qu'on a ______ de bon appétit et après, elle nous a ______ des histoires. (garder / attendre / préparer / manger / raconter). Je pense à toi et j'espère que tu vas bien. Écris-moi vite! Je t'embrasse.

Ida

9 **Avant son départ pour l'Europe, Emmanuel parle à sa petite amie. Indicatif ou subjonctif? Complétez par les temps et le mode qui conviennent. Puis soulignez les formes au subjonctif d'une couleur et les formes à l'indicatif d'une autre.** ► Grammaire, p. 120/16.1; 122/16.3

1. **Emmanuel:** Je suis heureux que mes parents me ____________ confiance et qu'ils me ____________ partir. (*faire / laisser*)
2. **Giselle:** Je suis contente pour toi, mais je suis triste que tu ____________ si longtemps. (*partir*)
3. **Emmanuel:** Tu sais, pour moi, c'est important de partir. Il faut que je ____________ cette expérience. Tu comprends? (*faire*)
4. **Giselle:** Oui, bien sûr, et je pense que tu ____________ raison! Il est normal que tu ____________ ta vie ... J'espère seulement que tu ____________ pour les vacances. (*avoir / vivre / revenir*)
5. **Emmanuel:** Je ne pense pas ... Le voyage coûte trop cher. C'est dommage que tu ne ____________ pas m'accompagner. J'aimerais que tu ____________ avec moi! (*pouvoir / venir*)
6. **Giselle:** Moi aussi, mais ce n'est pas possible. Mes parents trouvent que je ____________ trop jeune pour voyager et ils ne veulent pas que j'____________ en Europe. Ils ont toujours peur qu'il m'____________ quelque chose. Et puis, je crois qu'ils ____________ de moi aux champs. (*être / aller / arriver / avoir besoin*)

10 **Transformez ces phrases sans en changer le sens. Utilisez** *avant que, bien que, jusqu'à ce que* **et** *pour que* **et le subjonctif.** ► Grammaire, p. 120/16.1; 121/16.2; Pense-Bête, début du carnet

Exemple: Nous avons pris un bon petit déjeuner avant que notre guide arrive à l'hôtel.

1. Nous avons pris un bon petit déjeuner et ensuite notre guide est arrivé à l'hôtel.
2. Notre guide nous a donné des consignes, comme cela, nous ne nous perdrons pas dans la forêt équatoriale.
3. Nous avons marché dans la forêt, et, enfin, nous avons rencontré un groupe de gorilles.
4. Nous sommes allés vers eux, mais avant, notre guide nous a encore donné des consignes de sécurité.
5. Les gorilles ne sont pas des singes agressifs, pourtant ils sont très forts et très impressionnants.
6. Beaucoup d'organismes protègent les gorilles, mais ces singes sont menacés.

© Fotolia / Poleboy G

VOLET 2

Compréhension écrite

1 **Relisez le texte, p. 82–83, et retracez de façon chronologique la carrière du footballeur Samuel Eto'o en utilisant vos propres mots.**

Vocabulaire et expression

2 a **Que signifient ces expressions et mots ci-dessous? Cochez la bonne réponse.**

1. Surnommer quelqu'un c'est:
   ☐ l'appeler par son nom de famille. ☐ l'appeler par un autre nom que son vrai nom.
2. Mettre fin à quelque chose, c'est:
   ☐ arrêter quelque chose. ☐ faire une pause.
3. Abandonner quelqu'un à son triste sort, c'est:
   ☐ ne pas l'aider, même s'il en a besoin.
   ☐ ne pas l'accompagner à un endroit, même s'il le demande.
4. Rendre (de l'argent) à quelqu'un, c'est le contraire de:
   ☐ donner (de l'argent) à quelqu'un. ☐ emprunter (de l'argent) à quelqu'un.

b **Complétez les phrases suivantes par les mots qui manquent.** ► Liste des mots, p. 201–203

1. Regarder ______________________, c'est regarder vers l'avenir.
2. Une personne est ______________________ quand elle a moins de 18 ans.
3. ______________________ quelque chose à quelqu'un, c'est lui donner, lui faire avoir ou lui vendre quelque chose.
4. Un ______________________ footballeur, c'est quelqu'un qui a été footballeur et qui ne l'est plus.

c **Utilisez au moins cinq mots ou expressions de a et b dans une phrase d'exemple.**

Grammaire

3 a **Complétez le dialogue par des formes de** *convaincre* **aux temps/modes qui conviennent.** ► Verbes, p. 135

infinitif (2 x) / présent (2 x) / passé composé (2 x) / futur composé / futur simple / subjonctif

1. **Pierre:** Je veux faire une formation de foot, mais mes parents ne veulent pas. Qu'est-ce que je dois faire?
2. **Denis:** Tu dois trouver des arguments pour ______________________ tes parents.
3. **Pierre:** C'est déjà fait! Mais je ne les ______________________ pas ______________________.

4. **Emre:** Alors, ce ne sont pas de bons arguments. Il faut que tes arguments __________ tes parents!

5. **Denis:** Oui, jusqu'à présent, tes arguments ne __________ personne.

6. **Pierre:** Ok, je vais leur dire que mon meilleur ami va faire cette formation.

7. **Denis:** Si tu leur dis ça, ça ne __________ pas les __________.

8. **Emre:** C'est vrai! Et tout ce que tu me racontes ne me __________ pas vraiment non plus.

9. **Denis:** Tu veux qu'on t'aide à trouver des super arguments? Avec ça, tu réussiras à __________ toute ta famille.

10. **Emre:** Oui, tu __________ tout le monde!

11. **Denis:** Alors, tu es d'accord? On t'__________?

b Résumez en une phrase ou deux la discussion de 3a.

4 a Retrouvez dans le texte, p. 82–83, comment on dit cela.

1. Für manche Fans ist seine Entscheidung ein Schock gewesen.
2. Er hat für verschiedene Klubs gespielt.
3. Er hat in verschiedene/n Klubs gespielt.

b Complétez le texte par des déterminants indéfinis. Parfois, il y a plusieurs possibilités. ► Grammaire, p. 111/1

certain(e)s chaque différent(e)s divers/es plusieurs quelques tous les tous ses toute sa

Roger Milla est né à Yaoundé au Cameroun. Il passe __________ jeunesse au Cameroun. Il vit pendant __________ années à Doula. Il joue dans __________ clubs camerounais où il devient un grand footballeur. Il est __________ fois champion du Cameroun. En 1976, il reçoit le Ballon d'or africain. En 1977, à l'âge de 25 ans, il s'installe en France. Il vit dans __________ villes: Valenciennes, Monaco, Bastia ou encore Montpellier. Il joue dans __________

Le Camerounais Roger Milla et le Brésilien Jorginho, Stanford Stadium, 24.06.1994

© Reuters / Ruben Sprich

équipes. Mais dans ______ équipe, il a des problèmes de discipline avec presque ______ entraîneurs. ______ entraîneurs se plaignent qu'on ne peut pas compter sur lui parce qu'il a fait ______ voyages au Cameroun sans les prévenir. Mais ces problèmes de discipline ne durent pas. Très vite, Milla redevient un joueur sérieux. Il remporte ______ fois la CAN: en 1984 et en 1988. En 1990, le président camerounais Paul Biya le convainc de participer à la Coupe du Monde 1990. Cette année-là, le Cameroun va jusqu'en quarts de finale. Après le mondial, Milla reçoit son deuxième Ballon d'or africain. Il devient un héros pour ______ les Camerounais et pour ______ personnes plus encore! Il est une légende. On rappelle le footballeur pour participer à la Coupe du Monde de 1994 où il marque un but!

5 **Lisa a participé à un échange à Kribi, au Cameroun: Répondez à sa place aux questions de ses camarades en utilisant deux pronoms.**

▶ Grammaire, p. 113/5

D'accord, je vous le raconte / je vais vous le raconter.

1. Tu nous racontes ton voyage à Kribi? (d'accord)
2. Tu nous parles de l'échange? (d'accord)
3. Tu me montres les photos de ton voyage? (oui)
4. Tu vas les montrer aux profs aussi? (non)
5. Et tu vas leur raconter ton séjour au Cameroun? (oui)
6. Tu nous montres les tissus que tu as achetés? (oui)
7. Tu nous apprends des expressions camerounaises? (d'accord)
8. Tu nous prépares un plat typique? (d'accord)

© Fotolia / Luminis

Compréhension orale

CD 6

6 **a** **Vrai ou faux? Écoutez cette interview de radio, puis cochez la case correspondante.**

	vrai	faux
1. Samuel Eto'o a sa propre marque de vêtements et de chaussures.	☐	☐
2. Gabriel Pascal Nyemeg Nlend est le designer de cette marque.	☐	☐
3. La marque porte le nom «la Eto'o 9» parce que Samuel Eto'o a joué dans neuf clubs différents.	☐	☐
4. Cette marque est fabriquée et vendue en Turquie.	☐	☐
5. Eto'o va bientôt vendre ces produits dans d'autres pays dont le Portugal et la France.	☐	☐

Aide: **le maillot** das Trikot

b **Écoutez une deuxième fois l'interview, puis corrigez les phrases fausses.**

Méthodes et stratégies: Faire une médiation en tenant compte de son destinataire

7 **Lucas, votre correspondant français, vous a raconté que son père, un ancien footballeur, voudrait s'engager en aidant des jeunes réfugiés de différents pays qui vivent depuis peu dans sa ville. En lisant cet article sur Internet, vous pensez à ce projet et vous décidez d'écrire un mail à son père, dans lequel vous faites la médiation de cet article pour l'informer et lui donner une idée.** ▶ Méthodes, p. 146/16; p. 150/22

Procédez comme dans le livre, p. 87/9 et prenez des notes:

a Que savez-vous sur le père de Lucas?

b Repérez la situation et le type de texte que vous devez écrire.

c Lisez l'article. Soulignez les informations qui vont vous servir. Puis, relevez sous forme de mots-clés (en allemand) toutes les informations qui sont importantes pour votre destinataire (= le père de Lucas) dans la situation donnée (▶ b).

d Rédigez maintenant votre texte en français.

TEAM WELCOME UNITED

Anpfiff für die Flüchtlinge

(...) Welcome United 03 ist das erste reine Flüchtlingsteam in Deutschland, das um Punkte kämpft. Ortsbesuch bei einer außergewöhnlichen Mannschaft.

Es läuft die 97. Minute. Das Kreispokalspiel ist in der Verlängerung, Abdihafid Ahmed schnappt tief nach Luft, das Thermometer zeigt 31 Grad, es ist heiß in Babelsberg. Abdi, so nennen ihn seine Mitspieler, wischt sich den Schweiß von der Stirn, nimmt drei kurze Schritte Anlauf und versenkt den Ball vom Elfmeterpunkt unhaltbar in die rechte Torecke. Es ist das 4:2 für Welcome United 03, die Vorentscheidung gegen den USV Potsdam. (...)

Welcome United 03: So heißt die Mannschaft, die der Regionalligist SV Babelsberg 03 für den Spielbetrieb beim brandenburgischen Fußballverband angemeldet hat. Das Team ist eine reine Flüchtlingsmannschaft, die erste, die in Deutschland am offiziellen Spielbetrieb teilnimmt. Ihre Spieler kommen aus Serbien, Somalia, Syrien, Mazedonien und vielen anderen Ländern. Sie unterscheiden sich durch ihre Hautfarben, ihre religiösen Ansichten sind verschieden. Aber sie sind im Glauben vereint, dass der Fußball ihr Leben in Deutschland ein klein wenig bereichert. Dass die Flüchtlinge jetzt am regulären Spielbetrieb teilnehmen dürfen, machte der SV Babelsberg möglich. Der Verein hat eine lange Tradition als politisch engagierter Klub. Seine Anhänger kämpfen seit Jahren gegen Rassismus und Homophobie. (...)

„Wir wollen, dass die Spieler eine Heimat finden. Hier können sie Druck ablassen, sich austoben", sagt Thoralf Höntze, Marketingbeauftragter vom SV Babelsberg und einer der Betreuer der Flüchtlingstruppe: „Wir tragen das Thema Integration nach außen. Flüchtlingen wird hier eine Stimme gegeben." (...)

Vor dem Saisonstart in der Kreisklasse am 23. August haben die meisten der Flüchtlinge eine Spielgenehmigung. Die Zusammenarbeit mit dem Verband sei immer besser geworden. „Ein Pass ist in vier bis sechs Wochen bei uns", sagt Thieme.

Früher in der Jugendnationalmannschaft von Somalia

Abdihafid hat schon einen. Er jongliert lässig mit dem Ball. In Somalia spielte er für die Jugendnationalmannschaft, hier in Babelsberg gehört er zu den besten Spielern von Trainer George. Der hält die Mannschaftsansprachen auf Englisch: „Bislang war das alles Spaß, aber heute geht es ums Gewinnen." Seine Spieler klatschen.

George ist erst seit kurzem der Trainer. Die Kicker hatten sich einen Coach gewünscht, der aus Deutschland kommt, aus dem Land des Weltmeisters. Seine Spieler sind ambitioniert, sie machen ihm das Coaching leicht, es gibt kaum Konflikte. „Wenn es mal kracht, dann sportlich, nie religiös", sagt George. (...)

In Babelsberg gewinnen die Flüchtlinge nach einer sensationellen Verlängerung am Ende 8:2. Welcome United zieht in die zweite Kreispokalrunde ein. (...)

Spiegel Online / Jan Göbel / 04.08.2015

VOLET 3

Compréhension écrite, analyse et commentaire

1 **a** **Lisez le conte** *La poule*[1] *et le cafard*[2]**, puis exposez brièvement de quoi il est question.**

La poule[1] et le cafard[2]

La poule et le cafard étaient très amis et ils décidèrent de travailler leurs champs ensemble et de partager les fruits de leurs efforts. Le premier jour, le cafard fit semblant[3] d'être malade. La poule prépara à manger pour tous les deux et ils partagèrent le repas. Puis la poule partit se coucher. Une fois seul, le cafard chanta: «J'ai menti à la poule et j'ai mangé sa nourriture! J'ai menti à la poule et j'ai mangé sa nourriture!»
Depuis ce jour, le cafard faisait toujours semblant d'être malade, et la poule travaillait pour deux et préparait à manger pour deux. Un jour, la poule revint à la cuisine après être partie se coucher et elle entendit chanter le cafard: «J'ai menti à la poule et j'ai mangé sa nourriture! J'ai menti à la poule et j'ai mangé sa nourriture!» Alors, la poule perdit patience[4] et avala[5] le cafard. Depuis, les poules ne supportent plus les cafards près d'elles.

Extrait de: «Ma vie sera une orange toute douce. Jeunes femmes du Cameroun», Katharina Müller (Hrsg.) ©2014 Philipp Reclam jun. GmbH & Co KG, Stuttgart

Aides: 1 **la poule** das Huhn 2 **le cafard** die Kakerlake 3 **faire semblant de faire qc** vortäuschen, etw. zu tun
4 **perdre patience** die Geduld verlieren 5 **avaler qc** *ici* etw. (auf)fressen

b **Expliquez pourquoi les poules ne supportent plus les cafards près d'elles.**

Grammaire

2 **Soulignez les dix formes au passé simple dans le conte** *La poule et le cafard*. **Retrouvez l'infinitif des formes au passé simple, puis remplacez-les par le passé composé.** ► Grammaire, p. 119/14

Vocabulaire et expression

3 **Trouvez dans le conte** *Le mille-pattes et l'araignée*, **des mots ou expressions qui expriment le contraire des mots soulignés dans les mini-dialogues ci-dessous, puis complétez-les.** ► Livre, p. 88–89

1. – Est-ce que ton arrière grand-père a entendu notre musique hier soir?

   – Non, ne vous inquiétez pas, il n'a rien entendu, il est assez ____________________.

2. – Vous avez parlé de choses importantes? – Non, on a discuté ____________________.

3. – Ton chien y voit bien? – Non, il est ____________________!

4. – Il a fini ses devoirs à 23 heures?

   – Non, il ____________________ ses devoirs à 23 heures!

5. – Paul, tu es fier de ce que tu as fait? – Non, j'____________________!

6. – Issa pleure? – Mais non, il ______________________________!

7. – Il a cité ce proverbe pour commencer son discours?

– Non, il l'a cité pour le ______________________________.

8. – Tu n'aimes pas cette musique?

– Si, si, je l'______________________________ beaucoup!

9. – Ici les enfants aiment qu'on leur lise des histoires qui endorment.

– Chez nous, on préfère leur raconter des histoires qui ______________________________.

10. – Est-ce que le mille-pattes et l'araignée parlent des animaux?

– Non, ils parlent des ______________________________.

Production orale

4 a Décidez qui est A et qui est B. Lisez chacun/e vos trois proverbes avec leur signification. Choisissez celui qui vous plaît ou qui vous parle le plus.

Par exemple: Vous avez vécu quelque chose qui affirme le message du proverbe; vous connaissez une histoire / un film qui en parle; le proverbe vous fait penser à un fait actuel. Puis notez vos idées par écrit pour expliquer pourquoi vous l'avez choisi. Vous pouvez utiliser un dictionnaire.

A

On lâche vite un couteau[1] qu'on a pris par la lame[2]. (*Il faut être prudent.*)

C'est sur les arbres touffus[3] que se posent les oiseaux. (*Quand on est riche, on a toujours des amis.*)

Finie la soif dès qu'on est dans l'eau. (*L'objet qu'on voulait ne nous intéresse plus quand on l'a.*)

1 **le couteau** das Messer 2 **la lame** die Klinge
3 **touffu/e** dicht belaubt

B

Le fond de la pirogue ne dit pas ce qu'il y a au fond de l'eau[1]. (*Il ne faut pas se fier à ce qu'on voit seulement.*)

Un coq ne chante pas sur deux toits[2] à la fois. (*On ne doit pas commencer plusieurs projets en même temps.*)

Un éléphant, ça se mange petit bout par petit bout[3]. (*Dans les situations difficiles, il faut être patient.*)

1 **au fond de l'eau** tief im Wasser 2 **se fier à qc** sich auf etw. verlassen 3 **petit bout par petit bout** *ici* häppchenweise

b Maintenant, travaillez à deux. Expliquez votre choix à votre partenaire.

Production écrite

5 Imaginez une histoire d'après le proverbe que vous avez choisi (exercice 4), puis écrivez-la. Vous pouvez utiliser un dictionnaire.

un jour / un soir	alors	et	car	depuis	mais	pourtant	le lendemain
c'est pourquoi	quand	finalement	enfin	puis	donc	ensuite	soudain

1 L'interrogation absolue

Retrouvez les questions aux réponses suivantes. Utilisez la question absolue.

1. Samuel Eto'o a mis fin à sa carrière internationale en 2015.
2. Les Camerounais appellent Samuel Eto'o «le petit Milla» parce qu'il est une légende du foot comme son aîné*.
3. Les gens surnomment l'équipe nationale du Cameroun «Les Lions Indomptables».
4. Oui, les Lions Indomptables ont remporté plusieurs fois la CAN!

L'équipe nationale du Cameroun, Tshwane / Pretoria, 19.06.2010

© action press / REX FEATURES LTD.

* **aîné/e** *hier* ältere/r/s

2 L'emploi du subjonctif

Subjonctif ou indicatif? Complétez les phrases à la forme qui convient.

avoir (2x)	être (2x)	faire	réussir	se sentir	travailler

1. Les Esso ont envoyé leur fille à Douala pour qu'elle ______________ dans le même lycée que son frère. Ils pensent qu'elle ______________ bien à Douala.
2. Mais ils regrettent qu'il n'y ______________ pas de lycée bilingue dans leur ville.
3. Ils sont sûrs que leur fille ______________ bien au lycée.
4. Ils veulent qu'elle ______________ à l'école et qu'elle ______________ des études universitaires. Pour eux, il est normal que leurs enfants ______________ un bon métier.
5. Bien qu'ils ne ______________ pas riches, ils enverront tous leurs enfants à Paris, un jour.

3 La place de deux pronoms dans la phrase

Complétez les mini-dialogues par deux pronoms.

1. – Mmm! Cette mangue est très bonne! – Tu ______________ donnes un morceau?
2. – Va avec ta sœur au marché. – Je termine ce devoir et je ______________ accompagne!
3. – Tes baskets plaisent à ton cousin. – Eh bien, je vais ______________ offrir!
4. – Tu nous montres tes photos? – Oui, je vais ______________ montrer!
5. – Est-ce que tu peux expliquer ce problème de maths à tes copains?

   – Je ne peux pas ______________ expliquer parce que je ne l'ai pas compris.

Solutions ▶ Webcode APLUS-C-CARNET-51

LIRE POUR S'ORIENTER 1

S'entraîner

1 **Vous voulez passer quelques semaines en France. D'abord, posez-vous les questions suivantes et répondez-y en cochant la case correspondante.**

Est-ce que vous voulez/pouvez	oui	non
... recevoir ensuite un/e correspondant/e?	☐	☐
... dépenser de l'argent pour le voyage et le séjour?	☐	☐
... fréquenter une école en France?	☐	☐
... partir avec des copains/copines?	☐	☐
... être <u>seulement</u> avec des Français et des Allemands?	☐	☐

2 **Maintenant choisissez pour chaque critère de 1 une couleur. Puis, retrouvez dans les annonces 1–4, les passages qui correspondent à ces critères et surlignez-les avec la bonne couleur.**

À vous!

3 a **Lisez les annonces et pour chaque critère, cochez la case correspondante dans la grille, p. 53.**

1

Étudier en France avec le programme Brigitte Sauzay

© Fotolia / Jürgen Fälchle

Le programme d'échange individuel Brigitte Sauzay organisé et subventionné par l'OFAJ propose aux élèves allemands de 9e et 10e classe un échange de 3 mois minimum:

- Vous êtes logé dans la famille de votre correspondant.
- Vous allez avec lui en cours et participez aux activités de sa famille.
- Vous recevez à votre tour pendant trois mois votre correspondant dans votre famille.

Fotolia/photolars

L'OFAJ vous aide à trouver un partenaire et finance les voyages. Vous pouvez télécharger le dossier de candidature sur le site de l'OFAJ.

2

CHANTIERS DE JEUNES FRANCO-ALLEMANDS CHERCHENT PARTICIPANTS

Vous vous intéressez à l'Europe et à son histoire? Vous êtes autonome et savez vous débrouiller tout seul? Vous n'avez pas peur de travailler avec vos mains 20 heures par semaine? Vous voulez vous faire de nouveaux amis? Alors, les chantiers de jeunes franco-allemands sont pour vous!

Jeunes Français et jeunes Allemands se rencontrent dans un lieu symbolique de l'histoire franco-allemande et travaillent ensemble pour le restaurer. Les activités? Porter des sacs de sable, reconstruire des murs, inventer des animations pour les touristes! Attention, il faut avoir entre 16 et 26 ans! Et, bien sûr, le soir au coin du feu, vous pourrez discuter des différences et des points communs existant entre jeunes Européens. C'est grâce aux chantiers de jeunes que des lieux où les Allemands et les Français se sont battus deviennent des symboles de paix.

© Shutterstock / Googluz

Le voyage, la nourriture et le logement dans des tentes de 8 à 10 personnes sont offerts. Par contre, on demande aux jeunes de participer à la cuisine et aux tâches ménagères.

Solutions ▶ Webcode APLUS-C-CARNET-SOLUTIONS

3 Échange sportif avec Villefranche

© Fotolia / frinz

Le club multisports de Villefranche cherche un club allemand pour un échange de 15 jours en été (1 semaine en France et 1 semaine en Allemagne).

LE BUT: constituer des équipes franco-allemandes pour apprendre à se connaître, s'entraîner ensemble et organiser à la fin du séjour une olympiade franco-allemande de natation, d'athlétisme, de foot et de rugby.

Les participants doivent être membres d'un club sportif et doivent payer leur voyage eux-mêmes (train ou avion). L'Office franco-allemand pour la jeunesse finance le logement en auberge de jeunesse.

4 *École de langues d'Amboise – Apprenez le français au bord de la Loire*

Vous voulez découvrir la vie en France? Vous voulez faire des progrès en français? L'école de langues d'Amboise vous accueille individuellement et vous propose des cours agréables dans une atmosphère sympathique.

→ Cours en petits groupes internationaux de 7 personnes maximum le matin
→ Séquences individuelles pour répondre à vos besoins particuliers
→ Programme culturel l'après-midi (visite des châteaux de la Loire)
→ Possibilité d'habiter en pension ou chez l'habitant

Formule découverte: 529 €/semaine
Formule intensive: 699 €/semaine

© Fotolia / scaliger

b Pour chaque critère, cochez la case correspondante.

	Programme Sauzay		Chantiers de jeunes franco-allemands		Échange sportif		École de langues d'Amboise	
	oui	non	oui	non	oui	non	oui	non
recevoir qn chez soi								
dépenser de l'argent pour le voyage								
prendre des cours								
partir avec des gens qu'on connaît								
être seulement avec des jeunes allemands ou français								

c Quel programme choisissez-vous? Justifiez votre choix.

LIRE POUR S'ORIENTER 2

S'entraîner

1 **Choisissez pour chaque critère de la grille (p. 55) une couleur. Puis retrouvez dans les annonces 1 à 4 les passages qui correspondent à ces critères et surlignez-les avec la bonne couleur.**

À vous!

2 a **C'est l'été et vous êtes chez votre correspondant/e en France. Sa mère propose de vous emmener pour une journée dans un parc d'attraction de votre choix. Le petit frère de votre correspondant/e vous accompagnera. Vous voulez choisir le parc d'après les préférences de chacun/e. Lisez d'abord les priorités de chacun ci-dessous. Puis lisez les annonces suivantes et pour chaque critère, cochez la case correspondante dans la grille, p. 55.**

- Votre correspondant/e (16 ans) adore les sensations fortes.
- Son petit frère (6 ans) aime observer les animaux et s'intéresse à la nature.
- Leur mère s'intéresse beaucoup à l'Histoire.
- Vous êtes ouvert/e à tout mais comme votre séjour est presque terminé, vous aimeriez profiter un maximum de votre journée et assister aussi à un spectacle en soirée.
  De plus, votre groupe voudrait profiter d'un tarif spécial pour ne pas dépenser trop d'argent.

1 VULCANIA *Le grand parc à thème sur les volcans*

Découvrez les mystères de la terre: tornade, tremblement de terre, chute de météorite, éruption volcanique ...

Vous aimez sentir l'adrénaline qui monte? Alors visitez notre cinéma en 4D ou prenez place sur les chaises dynamiques pour un voyage plein de surprises au centre de notre planète!

» Expériences et ateliers sciences de la terre avec un animateur

» Cité des enfants, un espace où les 3 à 7 ans découvrent les 4 éléments

» Bon plan pour les amoureux: Séjour 2 jours / 1 nuit à deux dans un hôtel volcanique à un prix imbattable!

Le parc est ouvert chaque jour de 10 h 00 à 19 h 30

2 Futuroscope – *Le grand parc d'attraction qui n'attend pas demain pour vous parler du futur!*

VIRUS ATTACK: Les effets spéciaux sont au rendez-vous pour une aventure à travers le corps humain!

DANSE AVEC LES ROBOTS: Une discothèque comme tu n'en as jamais vu, et toi, tu es dans les bras d'un robot qui te fait tourner!

LES MACHINES DE L'INGÉNIEUR LÉONARD: à partir de 5 ans!

Ouvert tous les jours en été jusqu'à 22 h 30

Grand spectacle nocturne Magie et chansons avec la voix de ***Nolwenn Leroy***

Lundi, Journée famille: *pour deux adultes qui payent, deux enfants (0 à 15 ans) entrent gratuitement!*

3 PARC ASTÉRIX

En route pour l'Antiquité!

© Fotolia / efteling

À ne pas rater cet été:
1 entrée adulte offerte pour 3 entrées enfants payées

Découvrez le parc avec ses six univers: l'Égypte, la Gaule, l'Empire romain, la Grèce, les Vikings, le voyage à travers le temps, et ne ratez pas la rencontre avec les personnages de la bédé dans le village gaulois!

Delphinarium: Grand spectacle de dauphins et autres animaux marins pour toute la famille tous les jours de 12 h à 18 h.

Les 7 loopings les plus fous d'Europe! Vivez une expérience de glisse à 60 km/h! À 90 km/h et 40 mètres de hauteur, les pieds dans le vide, Ozlris, une aventure que vous n'êtes pas prêts d'oublier!

Nocturnes Égyptiennes tous les samedis d'avril à octobre et chaque soir en été: de 21 h à 23 h, sons & lumières et feux d'artifice vous transporteront au temps des pharaons.

4 Puy du fou – *Pour tous ceux qui aiment l'Histoire*

Parc à thèmes: village 1900, château Renaissance, à l'époque de la révolution industrielle

Tranquillement installés dans un amphithéâtre de 500 places, vous revivez un combat de gladiateurs ou un tournoi du Moyen Âge avec 1200 acteurs et danseurs et 24 000 costumes!

La légende de Martin: Spectacle de marionnettes pour les plus jeunes

© Fotolia / MangAllyPop @ER

Nouveauté:
Grand spectacle nocturne «Les amoureux de Verdun» spectacle sur la Première Guerre mondiale

Offre exceptionnelle:
– 25 % pour les groupes de plus de 25 personnes

	Vulcania		Futuroscope		Parc Astérix		Puy du fou	
	oui	non	oui	non	oui	non	oui	non
sensations fortes								
thème historique								
nature ou animaux								
programme en soirée								
offre spéciale qui convient à votre groupe								

b **Dites dans quel parc d'attraction vous allez vous rendre et justifiez votre choix.**

____

____

____

____

LIRE POUR S'INFORMER 1

S'entraîner

1 **Le titre d'un texte peut vous aider à dégager son thème principal. Lisez le titre de l'article ci-dessous et cochez la question à laquelle le texte va répondre, à votre avis.**

Est-ce qu'il y a des livres dangereux? ☐
Est-ce qu'on aime moins lire qu'autrefois? ☐
Est-ce que la lecture est un plaisir ou une drogue? ☐

À vous!

© Colourbox

Le plaisir de lire en danger?

Le marché de la littérature de jeunesse en France est un marché qui fonctionne bien. Chaque année, on publie plus de nouveaux livres pour le jeune public que l'année précédente. Les parents achètent volontiers à leurs enfants un livre parce que lire est, pour la plupart des adultes, une activité pédagogique. Quand on lit on apprend l'orthographe, on fait des progrès en expression, on apprend des choses nouvelles. «Je suis toujours d'accord pour acheter un livre», raconte Christine, mère de deux enfants. «Je suis contente que mes enfants aient envie de lire». Les jeunes Français lisent donc beaucoup jusqu'à la fin de l'école primaire: 33,5 % des enfants de moins de 11 ans lisent tous les jours pour leur plaisir. Mais à 13 ans, ce ne sont plus que 18 % des enfants qui lisent chaque jour, 14 % à 15 ans et 9 % à 17 ans.

À l'âge où les jeunes s'éloignent de leurs parents, ils s'éloignent donc aussi souvent de la lecture. En effet, les jeunes, qui sont de plus en plus obligés de lire pour l'école, n'ont pas forcément envie de lire encore pour leur plaisir. Pour Thomas, 16 ans, la lecture, c'est bien, mais les copains, c'est encore mieux: «Depuis que je suis en quatrième, j'ai beaucoup de devoirs! Alors, pendant mon temps libre, je préfère sortir ou chatter avec mes copains plutôt que prendre un livre. Pourtant, j'adore lire, mais pas les romans. Je lis des bédés, surtout des mangas. J'en ai des tas à la maison, mes copains aussi. C'est super, comme ça on se les prête.»

Emma, 15 ans, voit les choses autrement. Pour elle, lire permet aussi d'échanger beaucoup de choses avec d'autres jeunes qui sont des lecteurs comme elle! «J'adore lire, mais c'est vrai que dans ma classe, je ne suis pas toujours bien intégrée. Les autres me traitent d'intello parce que j'ai toujours un livre avec moi, c'est nul. Heureusement, il y a mon blog. Là, je peux donner mes idées sur les romans que je lis. Et c'est toujours intéressant de découvrir les commentaires des autres internautes. Grâce à Internet, j'ai trouvé des gens qui partagent ma passion.»

Une enquête sociologique récente a montré que les jeunes ne lisent pas moins quantitativement. C'est leur manière de lire qui a changé. Autrefois, on disait aux jeunes de commencer un livre par le début et de finir par la fin. Ce n'est plus le cas. Les jeunes ont grandi avec le Web et ils ont de nouvelles habitudes de lecture. En effet, sur Internet, on clique et on peut décider à tout moment de ce qu'on veut lire et de ce qu'on veut laisser de côté. C'est pourquoi, pour les jeunes, cela devient de plus en plus difficile de lire une histoire en entier.

Paul Caron, Livrorama, 2016

2 **Lisez le texte ci-dessus et cochez la bonne réponse ou écrivez les informations demandées.**

1. Le texte parle surtout
   des dangers de la lecture. ☐
   des meilleurs livres pour la jeunesse. ☐
   des habitudes de lecture des ados. ☐

2. En France, on trouve de moins en moins de livres pour les jeunes. ☐ vrai ☐ faux

Justification: ____________________

____

3. À quelle époque de leur vie est-ce que les jeunes lisent le plus? ____________________

4. À partir de leur entrée au collège, les jeunes s'intéressent
☐ plus ☐ moins ☐ autant à la lecture qu'avant.

Justification: ____________________

____

5. Quelles sont les raisons de cette situation, d'après l'article?

____

____

____

____

6. Les jeunes dans la classe d'Emma ont des préjugés contre Emma. ☐ vrai ☐ faux

Justification: ____________________

____

7. Emma ne peut parler avec personne de ses lectures. ☐ vrai ☐ faux

Justification: ____________________

____

____

8. D'après une enquête sociologique récente
les jeunes ne lisent plus assez de livres. ☐
les jeunes lisent moins qu'autrefois. ☐
les jeunes lisent différemment. ☐

Justification: ____________________

____

9. Ce qui a changé d'après l'article avec les nouvelles technologies c'est que les jeunes
trouvent des résumés des livres sur Internet. ☐
ne se sentent pas obligés de lire un texte en entier. ☐
préfèrent les vidéos aux livres. ☐

Justification: ____________________

____

LIRE POUR S'INFORMER 2

S'entraîner

1 **Voici des mots avec leur traduction. Ils vous aident à comprendre des mots du texte ci-dessous qui sont de la même famille de mots. Retrouvez-les dans le texte. Notez la ligne et leur traduction allemande.**

1. se rassembler = sich versammeln → l.1 le rassemblement = die Versammlung
2. autoriser qc = etw. erlauben → ______ = ______
3. partager qc = etw. teilen → ______ = ______
4. s'occuper de qc = sich beschäftigen mit etw. → ______ = ______

À vous!

Collège: Alors on danse?

© Fotolia / Syda Productions

Les rassemblements éclairs ou flash mobs sont à la mode. On trouve sur Internet des vidéos qui montrent des centres commerciaux, des bibliothèques ou des aéroports où, tout à coup, les gens se mettent à danser ou à chanter et transforment un endroit banal en lieu de spectacle et de rencontre parfois extraordinaire. Mais est-il possible d'organiser un flash mob dans un collège? Il suffit de jeter un coup d'œil sur YouTube pour se rendre compte que de plus en plus d'élèves utilisent cette nouvelle forme de performance pour créer un événement dans leur école. Nous avons mené l'enquête pour vous dans deux collèges qui ont tenté l'expérience.

Au collège d'Ivry, ce sont les profs de sport qui ont lancé l'idée et inventé la chorégraphie. Toutes les classes se sont entraînées pendant les cours de sport et la performance a eu lieu en juin, pendant la fête d'été. La directrice trouve que ça a été une bonne expérience: «Mes collègues et moi avons découvert certains élèves d'une autre façon. Pour un spectacle de ce genre, il faut vraiment d'autres qualités que celles que les profs attendent d'habitude en cours». Victor, élève de quatrième, est, lui, plus critique: «Ce sont les profs qui ont tout fait! Nous, on n'a rien pu dire et ceux qui ne voulaient pas participer ont eu des problèmes, comme toujours à l'école!»

Au collège de Saint-Quentin, par contre, un groupe de filles a tout organisé. Elles ont eu de la chance parce que le principal a tout de suite aimé leur idée et leur a donné l'autorisation de s'entraîner le samedi après-midi au gymnase. «Il venait nous ouvrir les portes, c'était très sympa», se souvient Lucie. «Et puis, il a gardé le secret, ce qui était très important parce que ce qui compte dans un flash mob, c'est surtout la surprise. C'est pour ça qu'on n'a pas répété pendant les cours de sport mais le week-end». Yolande Lebrun, un professeur qui n'était pas au courant, confirme: «Quand on ne s'y attend pas, c'est un peu magique, on a l'impression d'être dans un film».

À Ivry comme à Saint-Quentin, tous les participants sont d'accord pour dire que le flash mob a été un grand moment de partage et de fusion. «Le flash mob», dit Carole, surveillante à Ivry, «a changé ma relation avec certains élèves. Maintenant, nous sommes plus proches qu'avant.» Amandine, élève de troisième à Saint-Quentin, explique: «Au début, il y avait des élèves qui étaient contre parce qu'ils ne voulaient pas danser. Alors on a trouvé d'autres occupations pour eux: installer la stéréo par exemple, ou filmer la chorégraphie. Finalement, tout le monde a fait quelque chose. On était vraiment un groupe!»

Nicolas Riquet le petit journal du Nord 23/6/16

Solutions ▶ Webcode APLUS-C-CARNET-SOLUTIONS

2 Lisez l'article p. 58 et cochez la bonne réponse ou notez les informations demandées.

1. L'article parle surtout
   - [ ] des flash mobs qu'on voit sur YouTube.
   - [ ] des performances dans des lieux publics.
   - [ ] des flash mobs qui ont lieu dans des collèges.

2. D'habitude, un flash mob se passe
   - [ ] dans un endroit public.
   - [ ] dans les bibliothèques et les écoles.
   - [ ] dans une salle de spectacles.

3. À Ivry,
   - [ ] un élève a trouvé l'idée sur Internet et tout le monde était d'accord.
   - [ ] les professeurs ont eu l'idée et les élèves n'ont pas eu le choix.
   - [ ] les élèves ont eu l'idée mais les professeurs n'étaient pas d'accord.

4. Les élèves du collège d'Ivry ont présenté un flash mob à la fin de l'année scolaire.
   - [ ] vrai - [ ] faux

   Justification: ____________________

5. L'expérience d'Ivry a permis aux professeurs de mieux connaître leurs élèves.
   - [ ] vrai - [ ] faux

   Justification: ____________________

   ____

6. Au collège de Saint-Quentin, tous les élèves étaient motivés.
   - [ ] vrai - [ ] faux

   Justification: ____________________

   ____

7. Le principal du collège de Saint-Quentin
   - [ ] a aidé lui-même les jeunes.
   - [ ] était très fier de l'idée et en a parlé à tout le monde.
   - [ ] a demandé aux professeurs d'aider les jeunes.

8. Les élèves du collège de Saint-Quentin ont raté les cours de sport pour préparer un flash mob.
   - [ ] vrai - [ ] faux

   Justification: ____________________

   ____

9. Pourquoi ne faut-il pas raconter qu'on prépare un flash mob? ____________________

   ____

   ____

10. Comment le flash mob a-t-il été vécu dans les deux collèges? ______

______

______

11. Quand on organise un flash mob de danse dans un collège,
- ☐ tous les élèves dansent.
- ☐ tous les élèves sont actifs.
- ☐ tous les élèves sont contents.

S'entraîner à écrire un résumé

3 **Complétez maintenant les phrases suivantes de manière à obtenir un résumé de l'article, p. 58.**

Introduction

L'article ______

paru dans ______ du ______

parle du thème ______

à l'aide de ______ exemples.

Développement première partie

Au collège d'Ivry, ______

______

______

______

______

Développement deuxième partie

Au collège de Saint-Quentin par contre, ______

______

______

Conclusion

Mais dans les deux cas, les participants pensent que cette expérience a été ______

______:

dans un cas, ______

______,

dans l'autre, ______

______

LIRE UN TEXTE LITTÉRAIRE ET ÉCRIRE

Lecture

1 **Lisez l'extrait de roman suivant.**

François est en vacances. Il découvre par hasard le campement de gens qui vivent autrement, dans des caravanes, sans frigo et sans électricité. Il est impressionné. Il fait une photo d'une jeune fille qui vit là. Elle ne le remarque pas. Ensuite, les deux jeunes gens font connaissance. Elle s'appelle Léna. Plus tard, François regarde la photo qu'il a prise de Léna.

La photo est nette.

François sourit. Léna est arrivée tellement vite, elle aurait pu être floue[1]. Mais non. Tant mieux. On voit tout très bien. On voit le wagon rouge au premier plan, surmonté de panneaux solaires. Le chemin-ruelle bordé d'herbes et d'arbres. L'alignée[2] des autres cabanes et wagons le long du chemin. Des fleurs orange devant le wagon rouge. Un vélo. Et Léna. Elle surgit[3] derrière le wagon, nu-pieds[4], en robe de chambre[5] bleu ciel, ses longs cheveux blonds flottent un peu autour d'elle.

Une belle photo, oui. Qui ne ressemble pas à ce qu'il affiche d'habitude sur Facebook.

François clique sur la photo, «partager sur Facebook», un autre clic, et voilà. Il vérifie sur son profil, elle y est. Cool.

Il fait défiler[6] le contenu de son profil. Hier, avant-hier, et le jour d'avant où il est arrivé à Berlin. Les photos passent, une à une. Lui devant les vestiges[7] du Mur. Lui dans le métro. Lui et son frère à l'aéroport. «Mon voyage à Berlin»:

Il continue, revoit les photos des jours précédents.

Lui devant un micro à la fête du collège, cheveux piqués[8], maquillage de rock star.

Lui et son groupe de copains, tous hilares[9] et pouces[10] levés.

Lui en gilet de sauvetage[11], et trempé[12].

Lui, une capuche[13] rabattue[14] sur la tête, des lunettes noires, et la bouche ouverte sur un dentier[15] de vampire.

Lui avec la coiffe[16] bretonne de sa grand-mère. Elle a eu un succès fou, celle-là. 54 personnes ont aimé ça. Quentin a écrit un commentaire: «Si mémé te voyait!» Ça a fait rire tout le monde.

François clique sur le profil de Quentin. Il a mis quoi, aujourd'hui? Une photo de lui, allongé sur son lit avec son ordinateur portable. «Mes vacances». Bof.

Et Xavier? Une photo de lui, devant sa XbOX. «Je viens de finir ma troisième mission sur GTA V.»

Voyons Benjamin ... Un repas McDo en gros plan. (...)

Thomas? Un feu de camp sur la plage la nuit. «Moi et mes cousins hier soir». C'est top! François «aime».

Il clique et revient sur son profil. Il regarde encore la photo de Léna. Ça va faire un carton[17], c'est sûr. Combien de «j'aime» vont s'afficher?

Extrait de: Frédérique Niobey, No photo No saphari, Cornelsen Verlag, 2014, p. 10–12

Aide: 1 **flou/e** (*adj.*) verwackelt 2 **l'alignée** (*f.*) Reihe 3 **surgir** arriver très vite 4 **nu-pieds** barfuß 5 **la robe de chambre** Nachthemd 6 **faire défiler** vorbeiziehen lassen, durchblättern 7 **le vestige** le reste, la ruine 8 **les cheveux piqués** hochgestylte Haare 9 **hilare** (*adj.*) qui rigole très fort 10 **le pouce** Daumen 11 **le gilet de sauvetage** Rettungsjacke 12 **trempé** très mouillé 13 **la capuche** Kaputze 14 **rabattu/e** (*adj.*) gestülpt 15 **le dentier** Gebiß 16 **la coiffe** Trachtenhaube 17 **faire un carton** avoir beaucoup de succès

Compréhension

2 **Cochez la bonne réponse ou répondez à la question.**

1. François est en vacances
   - ☐ à la mer.
   - ☐ à Berlin.
   - ☐ en Bretagne.

2. Il a fait une photo qu'il trouve
   - ☐ réussie mais banale.
   - ☐ intéressante mais pas très bien faite.
   - ☐ très belle et différente de ce qu'il fait d'habitude.

3. Qu'est-ce qu'il y a sur la photo?

4. Qu'est-ce que François fait de la photo?

5. Qu'est-ce que François fait ensuite?

Faire un résumé

3 **À l'aide de vos réponses de 2, écrivez le résumé de l'extrait.** ▶ Méthodes, p. 147/19

Faire le portrait d'un personnage

4 **a** **Relevez ce que vous apprenez sur François dans cet extrait.**

b **Voici des citations du texte. Dites pour chaque citation ce qu'elle nous apprend – entre les lignes – sur François.** ▶ Méthodes, p. 15/2

1. «François sourit. (...) Une belle photo, oui. Qui ne ressemble pas à ce qu'il affiche d'habitude sur Facebook.»
2. «Elle a eu un succès fou celle-là. 54 personnes ont aimé ça. (...) Ça va faire un carton, c'est sûr. Combien de «j'aime» vont s'afficher?
3. «François clique sur le profil de Quentin. Il a mis quoi, aujourd'hui? Une photo de lui allongé sur son lit avec son ordinateur portable. «Mes vacances». Bof.

c **Faites le portrait de François à l'aide de vos résultats de a et b.** ▶ Webcode APLUS-C-CARNET-62

Écriture créative

5 **Inventez une suite à cet extrait, dans laquelle François découvre quelques heures plus tard les commentaires de ses «amis» sur son profil Facebook.**

- Imaginez les commentaires des «amis».
- Imaginez la réaction de François à ces commentaires.
- Rédigez un petit texte en respectant le style du texte (temps des verbes, point de vue narratif, caractère des personnages).

Compréhension orale

CONVERSATION 1

S'entraîner

CD 7 **1** Écoutez et cochez. Est-ce que la personne qui parle est contente ou pas contente?

	1	2	3	4	5	6	7	8	9	10
☺										
☹										

CD 8 **2** **Soulignez les phrases que vous entendez.**

1. Tu n'as pas l'air en forme. / Tu as l'air en forme.
2. Je vais avoir deux heures de maths. / Je viens d'avoir deux heures de maths.
3. Il n'y a pas d'humour dans la vie. / Il n'y a pas que l'humour dans la vie.
4. Il ne rit pas beaucoup. / Il rit beaucoup.
5. Je te laisse toute seule. / Je te laisse tout seul.
6. Qu'est-ce que tu en penses? / Est-ce que tu y penses?
7. Je n'aime pas les histoires de sœurs. / Je n'aime pas les histoires de cœur.

À vous!

CD 9 **3** **Lisez les questions et écoutez le texte une première fois. Puis, répondez aux questions. Pour répondre aux questions, écoutez et cochez la bonne réponse ou écrivez l'information. Écoutez le texte une deuxième fois et complétez vos réponses.**

1. Tom parle avec
   - ☐ sa prof. ☐ sa mère. ☐ sa sœur.
2. Tom est
   - ☐ fatigué parce qu'il a eu un cours difficile.
   - ☐ énervé parce qu'il est tard.
   - ☐ déçu parce que ses parents ne sont pas là.
3. Tom ne veut pas aller au cinéma parce qu'il
   - ☐ n'a plus d'argent de poche.
   - ☐ n'a pas encore son argent de poche.
   - ☐ veut garder son argent de poche pour autre chose.
4. Caroline propose
   - ☐ d'inviter Lucie. ☐ de sortir avec Benoît. ☐ de regarder un DVD.
5. Tom aime Benoît Poelvoorde parce qu'______________________________
6. Tom n'aime pas
   - ☐ les histoires d'amour. ☐ les histoires de famille. ☐ les histoires où on rigole.

7. Caroline fait deux reproches à Tom. Lesquels?

– ____________________

– ____________________

8. Qu'est-ce que Tom et Caroline décident finalement?
- ☐ Caroline va aller au cinéma avec une copine.
- ☐ Caroline et Tom vont regarder un film ensemble.
- ☐ Caroline et Tom vont préparer ensemble le repas.

ÉMISSION DE RADIO 1

S'entraîner

CD 10

1 a Soulignez les phrases que vous entendez.

1. JR est très discret. / JR, c'est un secret.
2. Ses voisins ne le connaissent pas. / Ses voisins ne le reconnaissent pas.
3. Ses photos sont gênantes. / Ses photos sont géantes.
4. En 2007, il a fait une exposition. / En 2017, il a fait une exposition.
5. Le long de la frontière. / C'est long, la frontière?
6. Les gens se ressemblent. / Les gens se rassemblent.
7. Un des monuments les plus importants. / Un monument qui n'est plus important.

CD 11

b Quel est le look de JR? Écoutez et cochez. Puis notez les mots que vous avez entendus pour justifier votre choix.

____

À vous!

CD 12

2 Lisez les questions et écoutez le texte une première fois. Puis, répondez aux questions. Pour répondre aux questions, écoutez et cochez la bonne réponse ou écrivez l'information. Écoutez le texte une deuxième fois et complétez vos réponses.

1. Qu'est-ce qu'on sait de l'artiste JR?
- ☐ Personne ne sait à quoi il ressemble.
- ☐ Son visage est célèbre dans toute la France.
- ☐ On le reconnaît à sa manière de s'habiller.

2. Qu'est-ce que les lettres «JR» représentent?

____

Solutions ▶ Webcode APLUS-C-CARNET-SOLUTIONS

3. D'où viennent les parents de JR et où habitent-ils?

____

4. Aujourd'hui, JR vit
a ☐ en France. b ☐ en Tunisie c ☐ en Israël.

5. JR aime
a ☐ coller des photos de gens inconnus sur les murs.
b ☐ dessiner des portraits et les coller sur les murs.
c ☐ prendre des photos de stars et les coller aux murs.

6. Ses expositions sont toujours illégales ☐ V ☐ F

7. Pour JR, le street art, c'est une manière
a ☐ de rendre les villes plus belles.
b ☐ de faire comprendre des choses aux gens qui passent.
c ☐ de faire concurrence aux musées.

ÉMISSION DE RADIO 2

S'entraîner

1 **Notez les mots et expressions dans la bonne colonne. Attention, il y a plusieurs solutions possibles.**

bio respecter des règles l'huile la bouteille recycler la viande
la qualité polluer AB régional la boîte

le produit	l'emballage	le label
		AB

CD 13 **2** **Écoutez. Puis, soulignez ce que vouz entendez.**

1. Triez vos déchets! / Jetez vos déchets!
2. S'il y a un logo très clair. / S'il y a un logo vert clair.
3. Une flèche vert foncé. / Le feu est vert: Foncez!
4. Savons-nous bien les lire? / Savons-nous bien lire?
5. Ce label est peu connu. / Ce label est un peu moins connu.
6. Les produits ont de plus en plus de labels. / Les produits n'ont plus de labels.

À vous!

CD 14 **3** **Lisez les questions et écoutez le texte une première fois. Puis, répondez aux questions. Pour répondre aux questions, écoutez et cochez la bonne réponse ou écrivez l'information. Écoutez le texte une deuxième fois et complétez vos réponses.**

1. Cette émission de radio a pour principal objectif d'informer les gens sur
   - ☐ les produits dans les supermarchés.
   - ☐ les étiquettes sur les produits.
   - ☐ les jeunes consommateurs.

2. De quelle couleur est le label AB? Qu'est-ce qu'il veut dire?

   a ______________________________

   b ______________________________

3. Qu'est-ce que le label rouge garantit?

   ____

4. Le logo AOC se trouve sur
   ☐ certains produits régionaux. ☐ le fromage seulement. ☐ l'huile et le fromage seulement.

5. Le camembert qui porte le logo AOC est fait
   ☐ en Tunisie. ☐ avec du lait qui vient de Normandie. ☐ en Camargue.

6. Dans quels pays est-ce qu'on trouve aussi le label AOC?

   ____

ÉMISSION DE RADIO 3

S'entraîner

1 **Cochez les nombres que vous entendez.**

CD 15 **a**

1999	1995	1950	1977	1979	1991

CD 16 **b**

03.85.41.21.70	03.95.48.20.13	03.88.41.20.09	03.95.51.21.12	03.88.42.21.15

CD 17 **c**

a	☐ 2	☐ 22
b	☐ 13	☐ 3
c	☐ 38	☐ 28
d	☐ 8	☐ 9
e	☐ 5	☐ 15

À vous!

CD 18 **2** **Lisez les questions et écoutez le texte une première fois. Puis, répondez aux questions. Pour répondre aux questions, écoutez et cochez la bonne réponse ou écrivez l'information. Écoutez le texte une deuxième fois et complétez vos réponses.**

1. À quelle date fête-t-on ces événements?

   Fin de la seconde guerre mondiale: ______________________

   Journée de l'Europe: ______________________

2. Le parlement Européen à Strasbourg se trouve
   ☐ au centre-ville ☐ à quelques kilomètres du centre-ville ☐ à deux kilomètres d'Arte

3. Depuis quand est-ce que le parlement Européen est à Strasbourg?

   ____

4. Pendant la journée porte-ouvertes,
   ☐ les visites guidées durent 30 minutes.
   ☐ il y a des visites toutes les 30 minutes.
   ☐ il y a des visites toutes les heures.

5. Qu'est-ce qu'il ne faut pas oublier si vous voulez visiter le Parlement Européen?

   ____

6. Quelle numéro est-ce qu'il faut appeler pour visiter le Palais de l'Europe?

   ____

7. Qu'est-ce qu'on peut faire dans les studios d'Arte pendant la journée de l'Europe?
   ☐ réaliser des interviews sur l'amitié franco-allemande.
   ☐ regarder une exposition sur histoire d'Arte
   ☐ voir des films sur l'histoire de l'Europe entre 1945 et aujourd'hui.

8. Dans le parc de l'Orangerie, il y a
   ☐ une statue de Napoléon. ☐ un château du XVIIIe siècle. ☐ des animaux.

INTERVIEW 1

S'entraîner

CD 19 **1** **Écoutez puis soulignez ce que vous entendez.**

1. Ce qui compte … / Ce qu'ils racontent …
2. Les deux médiateurs … / … de deux médiateurs
3. Il a l'air d'accord. / Il n'est jamais d'accord.
4. … proches des élèves. / … proche d'un élève.
5. Ils sont contents. / C'est important.
6. Depuis que je les aide … / Et puis, je les aide …
7. Il a des règles. / Il y a des règles.
8. leurs propres problèmes / ses propres problèmes

À vous!

CD 20

2 **Lisez les questions et écoutez le texte une première fois. Puis, répondez aux questions. Pour répondre aux questions, écoutez et cochez la bonne réponse ou écrivez l'information. Écoutez le texte une deuxième fois et complétez vos réponses.**

1. Le texte parle surtout
   - ☐ des conflits au collège.
   - ☐ des gestes éco au collège.
   - ☐ des profs et des élèves.

2. Comment est-ce qu'on devient médiateur dans un collège?

   ____

   ____

   ____

3. Que font les médiateurs à l'école?
   - ☐ Ils proposent des formations aux élèves.
   - ☐ Ils aident les profs dans des situations difficiles.
   - ☐ Ils aident les élèves à régler leurs conflits.

4. Quel est le but d'une bonne médiation?

   ____

   ____

   ____

5. Pourquoi est-ce que les profs ne peuvent pas faire ce travail?
   - ☐ Ils sont trop proches des élèves.
   - ☐ Ils se concentrent sur leur matière.
   - ☐ Ils ne veulent pas s'occuper des élèves qui se battent.

6. Quel problème est-ce qu'Aurélien a déjà eu?
   - ☐ Son prof n'a pas pu l'aider.
   - ☐ Il n'a pas réussi à calmer un élève.
   - ☐ Il s'est battu avec un élève.

7. D'après Émilie, pourquoi est-il important qu'il y ait une bonne ambiance en classe?

   ____

   ____

   ____

8. D'après Aurélien, être médiateur apporte aussi un avantage personnel. Lequel?
   - ☐ On réussit mieux au collège.
   - ☐ On reçoit un diplôme.
   - ☐ On règle mieux ses conflits personnels.

INTERVIEW 2

S'entraîner à l'examen

1 **a** **Retrouvez les mots de la famille «apprentissage/métier» et notez-les avec l'article défini.**

CD 21

b **Écoutez et cochez les mots de a que vous entendez.**

ta	mation	______	☐
ap	pétition	______	☐
con	cours	______	☐
for	sion	______	☐
com	lent	______	☐
par	périence	______	☐
con	tact	______	☐
pas	prentie	______	☐
ex	cours	______	☐

Solutions ▶ Webcode APLUS-C-CARNET-SOLUTIONS

CD 22 **2** **Lisez les questions et écoutez le texte une première fois. Puis, répondez aux questions. Pour répondre aux questions, écoutez et cochez la bonne réponse ou écrivez l'information. Écoutez le texte une deuxième fois et complétez vos réponses.**

1. Charlotte
   - [ ] est allée dans un salon de coiffure à Paris.
   - [ ] a participé à un concours à Paris.
   - [ ] a commencé à travailler à Paris.

2. Pourquoi est-ce que Charlotte n'est pas vraiment contente?

   ____

3. Qu'est-ce qui montre que Charlotte est très bonne dans son domaine?

   ____

4. Où est-ce que Charlotte a découvert le métier de coiffeuse?
   - [ ] Dans le salon d'une amie de sa mère.
   - [ ] Pendant un stage.
   - [ ] Dans le salon de coiffure de sa mère.

5. Qu'est-ce que Charlotte aime le plus dans ce métier?
   - [ ] parler aux clients
   - [ ] voir les clients heureux
   - [ ] créer de nouvelles coiffures

6. A-t-elle passé son bac? Pourquoi?

   ____

7. Comment a-t-elle su que le concours de la meilleure apprentie de France existait?
   - [ ] On lui en a parlé à l'école.
   - [ ] Sa mère le lui a dit.
   - [ ] Elle l'a découvert toute seule sur Internet.

8. Quels sont les projets de Charlotte?
   - [ ] Elle veut partir à l'étranger.
   - [ ] Elle veut participer à différents concours.
   - [ ] Elle veut créer sa propre entreprise.

Production écrite

ÉCRIRE SUR UN FORUM

S'entraîner à écrire un message

1 **Au début et à la fin d'un message, on trouve souvent le genre de phrases suivantes. Notez pour chaque phrase s'il s'agit du début ou de la fin d'un message.**

Début du message **1**
Fin du message **2**

- ☐ **a** À plus!
- ☐ **b** Salut! Je m'appelle Pauline et j'ai 16 ans et demi.
- ☐ **c** Je te comprends.
- ☐ **d** Bon courage!
- ☐ **e** (Je te réponds parce que) ton message m'a touché/e.
- ☐ **f** Bonne chance!
- ☐ **g** J'espère que j'ai pu t'aider.

2 **Pour répondre sur un forum, vous devez écrire un texte structuré. Lisez les phrases suivantes et classez-les dans la bonne catégorie du tableau en notant la lettre correspondante.**

a Moi aussi, j'ai vécu la même chose.
b À mon avis, tu n'as pas assez discuté avec tes parents.
c Il faut dire que je leur ai menti.
d Il faut comprendre tes parents aussi.
e Tu devrais inviter ton copain plus souvent.
f Mes parents ne me font pas confiance.
g Je ne comprends pas pourquoi ils te trouvent trop jeune.
h À ta place, je ferais tout ce qu'ils me demandent.
i Montre à tes parents qu'on peut te faire confiance!

donner son opinion	parler de son expérience personnelle	donner des conseils

3 **Pour écrire un message sur un forum, vous devez être en mesure de donner votre opinion et des conseils. Notez les expressions ci-dessous dans un tableau.**

a je pense que + indicatif **b** (moi,) à ta place **c** je ne pense pas que + subjonctif **d** à mon avis **e** je crois que **f** je ne comprends pas pourquoi **g** je te conseille de **h** tu pourrais **i** je suis sûr/e que **j** tu devrais **k** pour moi **l** pourquoi ne pas en parler à …? **m** d'un côté, … mais de l'autre

donner son opinion	*donner des conseils*
a *je pense que + indicatif*	

Solutions ▸ Webcode APLUS-C-CARNET-SOLUTIONS

À vous!

4 **a** Vous trouvez ce message sur un forum d'ados. Lisez-le.

Comment convaincre mes parents?

Salut!
Je m'appelle Louis et j'ai 16 ans. L'été prochain, je voudrais passer une semaine avec un copain dans la maison de ses parents en Bretagne, mais ils ne seront pas avec nous. Mes parents refusent de me laisser partir dans ces conditions. Ils trouvent que je suis encore trop jeune pour ce genre d'expérience et ils ne me font pas confiance. En plus, comme ils ne connaissent pas assez mon copain, ils ne sont pas rassurés. J'ai bien essayé de les convaincre, mais ils ne veulent rien entendre. S'il vous plaît, aidez-moi!

© Colourbox / David Castillo Dominici

b Vous répondez à Louis. Vous donnez votre opinion. Vous lui parlez de votre expérience personnelle et vous lui donnez des conseils. Écrivez un texte structuré et cohérent. (180–200 mots)

ÉCRIRE UN ARTICLE

S'entraîner à écrire un article

1 **a** Pour le journal d'un collège français, vous voulez écrire un article sur une expérience que vous avez faite. Pour commencer votre article, il vous faut une introduction. Formez au moins trois phrases d'exemple.

Je voudrais Mon article Je vais ___	présenter qc/qn parler de qc/qn expliquer qc décrire qc/qn ___	une association un projet les actions mon engagement pour qc ___	où qui que ___	exister depuis ___ créer qc aider qn permettre à qn de faire qc ___

b À la fin de votre article, vous voulez inviter le lecteur à s'informer davantage* ou à s'engager lui-même. Formez au moins trois phrases.

* **davantage** mehr

Exemples: 1. Si vous avez besoin de plus d'informations, téléphonez au 05 56 57 46 32.
2. Mon article vous a donné envie de vous engager? Alors, rejoignez-nous dans notre association. (www.ADOSOLIDARITE.fr)

aller sur (un site) — écrire à qn — téléphoner à qn — lire aussi qc — demander qc à qn — contacter qn — rejoindre qn/qc — ___

2 **a** **Votre article parle de votre engagement dans une association française. Vous écrivez un texte structuré où vous donnez des informations générales et des détails supplémentaires. Retrouvez pour chaque phrase la catégorie qui lui correspond. Notez les phrases dans le tableau.**

Informations générales

a J'ai aidé la mère de mon/ma corres.
b Je suis content/e d'avoir fait cette expérience.
c Maintenant, je réfléchis à ce que je veux faire plus tard.
d Il s'agit d'une épicerie solidaire.

Détails supplémentaires

e Je veux faire un métier utile plus tard.
f Tout le monde était gentil avec moi.
g Plus tard, je travaillerai dans le domaine social.
h La nourriture et les boissons y sont moins chères.
i J'aimerais m'engager au service des autres.
j Ça a été un peu comme un stage pour moi.
k La plupart des personnes qui y travaillent sont bénévoles.
l J'ai aidé à préparer des repas.
m J'ai bien aimé l'ambiance du magasin.
n On y offre des repas simples et des sandwichs aux gens.
o J'ai rangé des produits sur les étagères.

Paragraphes	Informations générales	Détails supplémentaires
1. Vous présentez l'association.		
2. Vous parlez de vos expériences.		
3. Vous parlez de vos émotions et sentiments.		

Solutions ▶ Webcode APLUS-C-CARNET-SOLUTIONS

4. Vous parlez de l'avenir. _______________ _______________

b **Imaginez et notez une autre phrase pour chaque catégorie.**

____

____

____

____

____

3 a **Pour raconter un évènement ou les expériences que vous avez faites, vous devez utiliser des expressions de temps. Reliez chaque expression à sa traduction.**

während der Ferien **1**	**a** avant mon séjour
jeden Tag **2**	**b** le premier jour
vor meinem Aufenthalt **3**	**c** souvent
am ersten Tag **4**	**d** un jour
oft **5**	**e** pendant les vacances
eines Tages **6**	**f** tous les jours

© Fotolia / Jérôme Rommé

b **D'abord, complétez le texte par les expressions de a.**

Cette année, _______________, j'_______________ (*aider*) la mère de ma corres dans l'épicerie solidaire du quartier. _______________ chez eux, ma corres m'_______________ (*parler*) de cette association. _______________, j'_______________ (*être*) heureuse de découvrir enfin ce magasin. Cette expérience _______________ (*durer*) un mois. _______________, je/j' _______________ (*trier*) les fruits et légumes. Je suis une vraie spécialiste, maintenant! _______________, j'_______________ (*aider*) aussi à servir les repas.

_____, une jeune femme nous _____ (*raconter*)

son histoire qui _____ (*être*) vraiment triste.

c **Maintenant, complétez le texte de b par des formes des verbes entre parenthèses à l'imparfait ou au passé composé.**

imparfait		*passé composé*
→ Sie kommentieren ein Ereignis → Sie beschreiben die Umstände → Sie beschreiben eine Person → Sie erzählen von früher	in der Vergangenheit.	→ Sie schildern eine Aktion in der Vergangenheit. → Sie berichten von einer Kette von Ereignissen in der Vergangenheit.

À vous!

© Fotolia / pIprod

4 **Vous passez trois mois en France. La mère de votre correspondant/e travaille comme bénévole dans une épicerie solidaire où les gens qui n'ont pas beaucoup d'argent peuvent faire leurs courses. Vous l'aidez souvent dans ce magasin. Le journal du collège français publie régulièrement des articles sur des associations. C'est à vous d'écrire l'article pour le prochain numéro. Écrivez un article structuré et cohérent (160 à 180 mots). Présentez l'association, parlez des expériences que vous avez faites et de vos impressions. Dites aussi si cette expérience aura une influence sur vos projets futurs.**

ÉCRIRE UN COMMENTAIRE PERSONNEL

S'entraîner à écrire un commentaire personnel

1 **Pour écrire un commentaire personnel, il faut savoir structurer ses idées. Numérotez de 1 à 5 les débuts de phrases suivants dans un ordre chronologique.** ▸ Méthodes, p. 148

☐ Ensuite, / Deuxièmement, _____.
☐ Enfin, / Pour finir, / Pour terminer, / Pour conclure, _____.
☐ Il faut ajouter que _____.
☐ D'abord, / Pour commencer, / Premièrement, _____.
☐ Non seulement _____, mais aussi _____.

2 **Dans un commentaire personnel, vous devez d'abord exposer les différents points de vue et arguments d'un texte, puis peser le pour et le contre en donnant des exemples. Ensuite, vous donnez votre opinion personnelle. Classez les expressions ci-dessous dans les rubriques suivantes (p. 75).**

a D'un côté _____, de l'autre côté _____.
b À mon avis, _____.
c Je pense / Je crois que + *indicatif*
d C'est pourquoi _____ / C'est pour cela que _____.
e Pourtant, / Mais, / Au contraire, _____.
f Je suis sûr/e que _____
g Je ne suis pas d'accord avec _____.
h Ensuite, / Deuxièmement, _____.
i Il faut dire que _____.
j Je ne pense/crois pas que + *subjonctif*
k C'est la raison pour laquelle _____.

Solutions ▸ Webcode APLUS-C-CARNET-SOLUTIONS

Peser le pour et le contre	Donner son avis	Tirer des conclusions

À vous!

3 a Choisissez un des sujets ci-dessous et faites d'abord une liste des avantages et des inconvénients.

sujet 1: Faut-il supprimer les notes au collège?
sujet 2: Porter un uniforme devrait-il être obligatoire à l'école?
sujet 3: Faut-il devenir végétarien?

avantages	inconvénients

Mots et expressions utiles:

sujet 1
décourager qn – mettre la pression – c'est un bon apprentissage – juste/injuste – motivant/e / démotivant/e – c'est une bonne/mauvaise sélection

sujet 2
on est tous égaux – on est tous habillés pareil – (ne pas) se moquer du look / des vêtements des autres – le look vulgaire (minijupe) – être moche/ridicule – montrer sa personnalité – (ne pas) s'habiller comme on veut

sujet 3
sauver la planète – l'émission des gaz à effet de serre / de CO_2 – l'élevage intensif – l'agriculture biologique – être respectueux de l'environnement – le changement climatique – devenir végétarien/ne – réduire/supprimer l'élevage – lutter contre la maltraitance animale – la viande de bœuf / de mouton / de porc

b Écrivez un commentaire personnel. Utilisez votre liste de a. Vous pouvez utiliser un dictionnaire. Écrivez un texte structuré et cohérent. (250–300 mots)

ÉCRITURE CRÉATIVE 1

S'entraîner à réécrire un texte en changeant de perspective

1 a Vous allez devoir réécrire un texte d'après un fait divers. Pour cela, vous devez avoir compris de quoi il s'agit. Lisez d'abord le fait divers ci-dessous. Vous pouvez utiliser un dictionnaire.

Carcassonne: Jeunes pris de malaises sur un stade

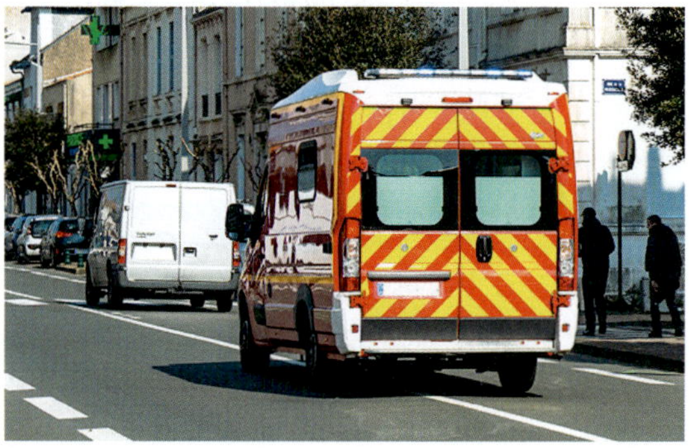
© Shutterstock / Pierre-Olivier

Hier matin, plusieurs élèves de troisième du collège Jeanne-d'Arc ont été soudain pris de malaises pendant le cours d'EPS.

Que s'est-il passé au stade de l'Estagnol? Les collégiens venaient d'arriver sur le terrain quand plusieurs d'entre eux se sont plaints de maux de tête et de nausées. Une jeune fille a même perdu connaissance. Les pompiers, immédiatement alertés par leur professeur, ont pris cela très au sérieux parce que ce stade se trouve dans une zone industrielle, tout près de la société «Chimichoc» qui gère des déchets chimiques dangereux.

Les pompiers ont alors contacté le directeur de cette société pour savoir s'il y avait eu un problème dans son entreprise. La réponse de «Chimichoc» est négative.

Pendant que les jeunes étaient transportés à l'hôpital de Montredon, une équipe spécialisée a effectué des analyses de l'air sur le site et dans le car qui avait transporté les collégiens au stade. Mais il n'y a pas le moindre élément d'explication. Toutes les analyses sont négatives. Alors pourquoi 24 jeunes se sont-ils subitement sentis mal? Et pourquoi neuf d'entre eux présentaient-ils des traces infimes d'intoxication au monoxyde de carbone?

Heureusement, les collégiens vont bien maintenant, mais le mystère reste entier.

Catherine Icard, Voix du Sud 10/6/16

b Lisez les phrases ci-dessous et cochez les bonnes réponses.

1. Pendant leur cours d'EPS sur un stade, des élèves ont été malades. ☐
2. Ils ont tous été intoxiqués au monoxyde de carbone et sont à l'hôpital. ☐
3. À côté du stade se trouve une société qui fabrique des produits chimiques. ☐
4. Le directeur de «Chimichoc» dit qu'il n'y a rien d'anormal dans son entreprise. ☐
5. Des spécialistes ont analysé l'air et ils ont trouvé des traces d'un produit dangereux. ☐

c Dans votre texte, vous pourrez ajouter des détails en respectant les éléments donnés dans l'article initial. Quels sont-ils? Notez-les.

À vous!

2 Un/e élève raconte sur son blog ce qu'il/elle a vécu au stade. Mettez-vous à sa place et écrivez un texte de 200–250 mots. ► Méthodes, p. 145 et 147

Solutions ► Webcode APLUS-C-CARNET-SOLUTIONS

ÉCRITURE CRÉATIVE 2

S'entraîner à continuer une histoire

1 a Vous allez devoir continuer une histoire. Pour cela, vous devez l'avoir comprise. Lisez d'abord l'histoire ci-dessous. Cherchez les mots et expressions que vous ne comprenez pas dans un dictionnaire.

Quelle soirée!

J'ai sonné. Un garçon m'a ouvert la porte. Je me suis présenté.

– Salut! Je suis Sacha, un copain de Raphaël. Il m'a invité à la fête.

– Entre.

Il m'a laissé dans le couloir et s'est dirigé vers une pièce où on passait «Dangerous» de David Guetta. J'ai gardé ma veste sur moi et j'ai suivi le garçon. Il n'y avait pas grand monde dans la pièce. Je ne connaissais personne. Et Raphaël n'était pas là. J'ai regardé l'heure à mon Smartphone. Il était 20 heures 30. On s'était donné rendez-vous ici, à 20 heures. Je me suis assis sur le sofa. J'étais mal à l'aise. Mettez-vous à ma place: J'étais chez des gens que je ne connaissais pas, et le copain, qui m'avait invité, n'était même pas là. Ce n'était pas génial pour quelqu'un de timide comme moi.

J'ai regardé par la fenêtre. De là, on voyait bien la tour Eiffel. Puis j'ai observé deux garçons qui dansaient très bien. Moi, je ne sais pas danser. Je suis timide et je ne sais pas danser. Et quoi d'autre? Je suis sympa, mais ennuyeux. Je n'ai pas d'humour et je n'ai pas d'imagination non plus. C'est mon ex – la seule petite amie que j'ai eue! – qui m'a dit tout ça le jour où elle m'a quitté.

Je regardais si Raphaël m'avait envoyé un message (non, je n'avais rien reçu) quand une fille s'est assise à côté de moi, sur le sofa. On s'est regardés. J'ai dit «bonsoir!». Elle était jolie, très jolie même, et souriante. Elle me fixait de ses grands yeux noirs. J'étais gêné. J'ai voulu détourner le regard, mais elle ne m'a pas laissé le temps de le faire.

– Sacha! Ah ben, ça alors, s'est-elle écriée, je ne pensais pas te trouver ici!

Je l'ai regardée d'un air étonné. Elle a continué.

– Tu ne me reconnais pas?! ... Tu es bien Sacha Dupont?

– Oui.

– Ne me dis pas que tu ne me reconnais pas!

– ...?

– C'est moi, Lucie! Lucie Lenoir!

– ...?

– On a été dans la même classe, au collège Voltaire. C'était ... euh ... en quatrième! J'étais nouvelle à Paris et je suis restée une année seulement dans ce collège.

– Ah ...

J'étais interloqué. Je ne me souvenais pas du tout de cette fille et son nom ne me disait rien non plus. Si on avait été dans la même classe, il y a un peu plus de deux ans, il me semble que je ne l'aurais pas oubliée. Qu'est-ce que c'était que cette histoire? Pourtant, je ne lui ai pas posé de questions pour essayer d'en savoir plus. Mon ex m'a toujours reproché de ne pas être curieux. Lucie et moi, on a un peu parlé du collège. C'était bizarre, j'avais l'impression qu'elle ne se souvenait de rien ni de personne à part moi. Pourquoi moi? Je ne participe pas en classe. Je suis timide et discret. Et je ne suis pas très bon élève non plus.

Lucie m'a alors raconté des anecdotes du collège dont je ne me souvenais pas non plus. Qu'est-ce que ça voulait dire? Qui était cette fille? Que me voulait-elle? Je commençais à m'inquiéter sérieusement. J'étais mal à l'aise. Alors, je me suis excusé pour lire mes messages. Raphaël m'a écrit.

«Je ne peux pas venir. Bonne soirée! ;-)»

Il ne m'a pas donné d'explication. Et puis, pourquoi a-t-il terminé son message par ;-)?

Lucie m'a demandé qui je connaissais ici.

– Personne, j'ai répondu. Le copain qui m'a invité n'est pas là.

– Oh, ce n'est pas sympa de sa part!, a-t-elle déclaré d'une voix qui sonnait faux.

J'étais sûr qu'elle se moquait de moi. Je n'ai rien dit, mais je n'avais plus rien à faire là. Alors, j'ai attendu qu'elle aille se chercher quelque chose à boire pour m'en aller. J'allais ouvrir la porte d'entrée quand j'ai entendu sa voix.

– Tu pars déjà?

– Oui, je dois me lever tôt demain.

Ce n'était pas vrai, et je n'aime pas mentir, mais je ne voulais pas rester une minute de plus avec cette fille.

– Ben moi aussi, je vais y aller, a-t-elle dit. Tu m'attends?

Je n'ai pas osé refuser.

b **Qu'apprenez-vous sur les deux personnages Sacha et Lucie? Que pouvez-vous dire d'eux? Faites un tableau.**

Sacha: ______________________________

____

____

____

____

____

____

Lucie: ______________________________

____

____

____

c **Vrai (V), faux (F) ou pas dans le texte (P)? Notez la bonne lettre.**

1. Sacha est à une fête où il ne connaît personne. ☐
2. C'est son copain Raphaël qui a organisé cette fête. ☐
3. Raphaël ne dit pas à Sacha pourquoi il ne vient pas à la fête. ☐
4. Lucie dit qu'elle a passé un an dans le collège de Sacha. ☐
5. Sacha reconnaît tout de suite Lucie. ☐
6. Sacha veut partir parce qu'il se sent mal à l'aise avec Lucie. ☐
7. Sacha est sûr que Lucie lui ment. ☐
8. Lucie décide de rentrer avec Sacha qui l'attend. ☐

2 **a** **Trouvez un mot de la même famille.**

se diriger vers un lieu – l'imagination – souriant/e – une explication – refuser qc

b **Retrouvez, dans le texte, p. 77, comment exprimer cela autrement.**

il n'y avait pas beaucoup de monde – je me sentais pas très bien – j'étais très étonné –
J'ai voulu regarder d'un autre côté – je pense que ...

À vous!

3 **Continuez l'histoire de la page 77. (350–380 mots) Vous pouvez utiliser un dictionnaire.** ► Méthodes, p. 148

ÉCRITURE CRÉATIVE 3

S'entraîner à imaginer une histoire à partir d'un SMS

1 a Vous allez devoir imaginer une histoire à partir d'un SMS. Lisez le SMS ci-dessous (Exercice 2) puis réfléchissez aux points suivants et notez vos idées.

- Combien de personnages y a-t-il? Qui sont-ils? Comment sont-ils? (caractère, âge, etc.)
- Qui raconte l'histoire? Un personnage? Un narrateur omniscient?
- Où et quand se passe l'histoire?
- Dans quelle situation ce SMS pourrait-il avoir été écrit?
- Ce SMS est-il le début ou plutôt la fin de l'histoire?

b Avant d'écrire votre histoire, tenez compte des points suivants.

- Si vous l'écrivez au passé, faites attention à l'emploi des temps (passé composé, imparfait, plus-que-parfait) et respectez la concordance des temps. ▶ Pense-bête, p. 217
- Écrivez un texte compréhensible pour le lecteur.
- Essayez de lui donner envie de lire l'histoire jusqu'au bout en créant du suspense.
- Ne vous contredisez pas: par exemple, si un personnage est petit, le même personnage ne peut pas être grand à un autre moment de l'histoire.
- Vous pouvez tout inventer, mais si vous donnez des détails concrets de choses qui existent réellement, alors vérifiez que ce que vous avez écrit est vrai: par exemple, Paris n'est pas au bord de la mer!

À vous!

2 Écrivez votre histoire (environ 300–350 mots). Vous pouvez utiliser un dictionnaire.

© Fotolia / guteksk7

MONOLOGUE SUIVI 1

S'entraîner à présenter un article

1 **Trouvez dans l'article «Plan Vélo», p. 81, les mots français qui correspondent à ces mots anglais. Puis notez la ligne et la traduction allemande.**

1. economy → l' ____________ l. ______ = ____________
2. to imagine → ____________ l. ______ = ____________
3. ambitious → ____________ l. ______ = ____________
4. measure → la ____________ l. ______ = ____________

2 **Qu'est-ce qui va ensemble? Reliez, puis traduisez.**

se déplacer	1	a	à faire du vélo
apprendre	2	b	le vélo du garage
construire	3	c	le vélo dans le train
respecter	4	d	à vélo
emmener	5	e	les règles de sécurité
sortir	6	f	des pistes cyclables

1d sich mit dem Fahrrad fortbewegen
____
____
____
____

3 **a** **Nommez la source de l'article, p. 81, et complétez la phrase suivante.**

L'article a paru dans ____________

b **Pour présenter le sujet, lisez d'abord l'article, p. 81, puis ces trois phrases. Cochez ensuite la phrase qui correspond au thème de l'article, p. 81.**

1. ☐ Un nouveau projet du gouvernement veut encourager les jeunes à faire plus de sport en ville.
2. ☐ Le gouvernement veut lancer un projet pour encourager les gens à se déplacer à vélo.
3. ☐ Le nouveau projet du gouvernement est une mesure pour protéger l'environnement.

c **Lisez l'article, p. 81, puis surlignez les idées principales.**

____
____
____
____

Solutions ► Webcode APLUS-C-CARNET-SOLUTIONS

d **Pour donner votre opinion sur le texte, formez trois phrases avec des éléments ci-dessous.**

Cet article Le sujet Je C'est ____	m'intéresse ne m'intéresse pas trouve bien / ____ important / difficile ____	parce que mais que quand de ____	il faut agir l'article donne de bonnes idées je déteste faire du vélo dire aux gens d'être actifs dire aux gens de s'engager il montre on essaye de trouver des solutions	pour protéger l'environnement. pour organiser une action. que le gouvernement veut réagir.

À vous!

Plan Vélo

De nombreuses études l'ont montré: les avantages du vélo sont nombreux. En effet, se déplacer à vélo est bon pour la santé. Ensuite, ça ne pollue pas non plus et si tout le monde achète un vélo, cela peut même être bon pour l'économie. Pour donner aux gens envie d'utiliser leur vélo plus souvent, le ministre des transports a imaginé un ambitieux plan vélo. Parmi les mesures les plus intéressantes, on peut retenir la création de la semaine du vélo dans les écoles et les collèges. Ainsi, plus de jeunes pourront apprendre à faire du vélo et à respecter le code de la route et les règles de sécurité. On veut aussi construire plus de pistes cyclables et donner la possibilité aux voyageurs qui prennent le train d'emporter plus facilement leur vélo. Nous n'aurons bientôt plus d'excuse pour ne pas sortir notre vélo du garage!

Le journal de la Petite Reine, n° 991, 2016

4 **Présentez le texte à l'aide des points suivants.**

1. *Vous dites où le texte a paru.*
2. *Vous présentez le sujet.*
3. *Vous résumez les idées principales.*
4. *Vous donnez votre opinion sur le texte.*

5 **Répondez à ces questions. Puis, racontez.**

1. À quel âge avez-vous appris à faire du vélo?

____

2. Aimez-vous faire du vélo? Expliquez pourquoi.

____

3. Comment allez-vous au collège?

____

MONOLOGUE SUIVI 2

S'entraîner à présenter un article

1 **Complétez les phrases par les éléments qui manquent.**

il faut être journaliste	qu'on ne propose pas tous les jours
partout en France	qui existe depuis très longtemps

1. Quand on organise une fête sur tout le territoire français, on l'organise ______________________________.
2. Un plat traditionnel, c'est un plat ______________________________.
3. Souvent, ______________________________ pour animer une émission de télévision.
4. Un menu spécial, c'est un menu ______________________________.

2 a **Notez ce qui va ensemble. Il y a plusieurs possibilités.**

1 (s')acheter
2 répondre 3 créer
4 utiliser 5 organiser

une fête des produits régionaux un hamburger
des menus spéciaux à un problème une recette
des produits de qualité un évènement

____
____
____
____
____

b **Formez au moins trois phrases avec des expressions que vous avez trouvées en a.**

____
____
____
____

3 a **Pour présenter le sujet, lisez d'abord l'article, p. 83, puis ces trois phrases. Cochez ensuite la phrase qui présente le sujet.**

1. ☐ Avec la Fête de la Gastronomie, la France célèbre la bonne cuisine.
2. ☐ Pendant la Fête de la Gastronomie, des cuisiniers donnent des cours de cuisine à la télé.
3. ☐ La Fête de la Gastronomie, c'est une bonne occasion de faire la fête dans un fast-food.

Solutions ▶ Webcode APLUS-C-CARNET-SOLUTIONS

b **Pour résumer les idées principales de l'article ci-dessous, complétez les phrases ci-dessous.**

pendant   à cause   c'est pourquoi   ça se passe

Les gens ne connaissent plus la bonne cuisine __________ des fast-food. __________ __________ les Français ont inventé la Fête de la Gastronomie. __________ à la télé et dans les cantines des écoles. __________ la Fête de la Gastronomie, des cuisiniers célèbres présentent leurs recettes.

© laif / REA / HAMILTON

c **Pour donner votre opinion sur le texte, complétez les phrases.**

Je trouve que ___   Cet article m'intéresse ___   Je pense ___   À mon avis, ___

1. __________ parce que j'adore faire la cuisine.
2. __________ c'est une bonne idée de proposer des menus spéciaux à l'école.
3. Mais __________, la Fête de la Gastronomie ne va pas changer les habitudes des gens.
4. __________ on doit utiliser plus de produits régionaux.

À vous!

La Fête de la Gastronomie

À une époque où il est plus facile de s'acheter un hamburger dans un fast-food que de cuisiner un plat traditionnel, on a tendance à oublier ce que «bien manger» veut dire. C'est pour répondre à ce problème que l'on a inventé en France la Fête de la Gastronomie. Pendant cet évènement qui a lieu chaque année à la fin du mois de septembre sur tout le territoire français, les cuisiniers des plus grands restaurants proposent des recettes simples qui utilisent les produits régionaux de qualité. À la télévision, des personnalités célèbres animent des émissions où on redécouvre des fruits et légumes qui ne sont plus à la mode. Même dans les cantines des écoles, on offre aux enfants des menus spéciaux. Enfin, on organise partout en France de grands pique-niques. Le but: retrouver le plaisir de manger de bonnes choses entre amis!

Le Matin de Lorraine, septembre 2016

© Fête de la Gastronomie 2016

4 **Présentez le texte à l'aide des points suivants.**

1. Vous dites où le texte a paru.
2. Vous présentez le sujet.
3. Vous résumez les idées principales.
4. Vous donnez votre opinion sur le texte.

5 **Répondez à ces questions. Puis, racontez.**

1. Que veut dire «Prendre un repas équilibré*» pour vous?
2. Pensez-vous qu'un cours de cuisine à l'école serait utile?
3. Que pensez-vous de l'idée d'organiser un pique-nique au collège avec des produits régionaux?

* **le repas équilibré** das ausgewogene Essen

MONOLOGUE SUIVI 3

S'entraîner à présenter une publicité

1 **Connaissez-vous le foot en France? Répondez à ces questions. Faites des recherches si nécessaire.**

1. Quelles sont les équipes qu'on nomme aussi le PSG et l'OM?

____

2. Quels sont les slogans de ces équipes?

____

3. Quelles sont les couleurs de leurs maillots* et leurs shorts?

____

4. Qui a été le meilleur buteur de l'histoire du PSG?

____

2 **a** **Pour présenter une publicité, vous devez d'abord décrire l'affiche. Complétez.** ▶ Méthodes, p. 153/26.1

à l'arrière-plan au premier plan en haut en bas à gauche à droite au centre le label le produit le site Internet le slogan

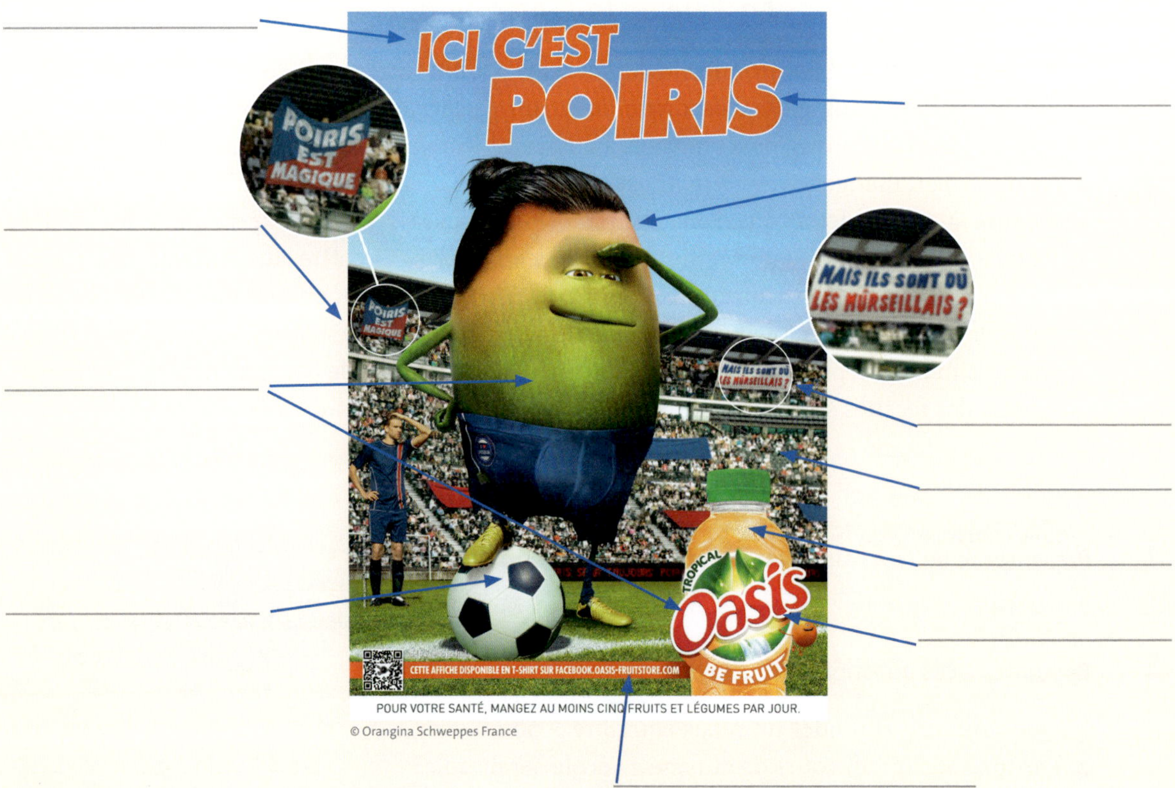

© Orangina Schweppes France

Aides: la banderole das Transparent **le ciel** der Himmel **le jeu de mots** das Wortspiel **le maillot** das Trikot **la mûre** die Brombeere **la poire** die Birne **le short** die Shorts **les spectateurs** *pl.* die Zuschauer

 Solutions ▶ Webcode APLUS-C-CARNET-SOLUTIONS

b **Ensuite, vous devez expliquer l'effet que produit l'affiche et expliquer le message de la publicité. Classez les expressions suivantes dans la bonne rubrique.** ► Méthodes, p. 153/26.2–3

L'image / La photo | montre que ___. / a quelque chose de ___. / évoque / (me) fait penser à ___. / suggère que ___.

Le message, c'est ___.
À mon avis, ___.
Je trouve que ___.

Effet produit par l'affiche	Message de l'affiche

À vous!

3 **a** **Décrivez l'affiche publicitaire, p. 84, et expliquez de quoi il s'agit. Vous pouvez utiliser un dictionnaire.**

b **Expliquez l'effet que produit cette affiche publicitaire.**

c **Expliquez le message de cette affiche publicitaire.**

MONOLOGUE SUIVI 4

S'entraîner à analyser une caricature

1 **Pour analyser une caricature, il faut structurer ses idées. Retrouvez l'ordre chronologique de différentes parties.**

___ Commentaire personnel

___ Introduction/Présentation

___ Description et analyse

___ Message

2 **Relisez la méthode «analyser und caricature», p. 154, dans votre livre.**

À vous!

3 **a** **Regardez la caricature «Le rêve européen». Puis, décrivez-la.** ▶ Méthodes, p. 154/27.1–2

b **Expliquez quel effet ce dessin produit sur vous et ce qu'il veut dire.** ▶ Méthodes, p. 154/27.3

c **Commentez le titre de cette caricature et justifiez votre réponse.** ▶ Méthodes, p. 154/27.4

Le rêve européen

© Chappatte, Le Temps, Suisse 15 septembre 2015

Aides: le mur en barbelés *m.* der Stacheldrahtzaun **les bagages** *m. pl.* das Gepäck **les réfugiés** *m. pl.* die Flüchtlinge **infranchissable** unüberwindbar

Solutions ▶ Webcode APLUS-C-CARNET-SOLUTIONS

EXERCICE EN INTERACTION 1

S'entraîner à défendre ses idées

1 Pour se préparer à une discussion il faut bien structurer ses idées et il faut réfléchir aux arguments que l'on compte utiliser. Relisez la méthode, p. 143/8, dans votre livre.

À vous!

2 Vous passez vos vacances chez un/e ami/e en France, en ville. Vous faites des propositions pour le week-end, mais vous avez des difficultés à vous mettre d'accord. Vous avez des goûts et un rythme de vie différents. Discutez à deux et trouvez une solution ensemble.

A

– aime se lever et se coucher tôt
– a un rythme de vie régulier (horaires des repas, etc.)
– aime la campagne, la nature, le sport au grand air (VTT, randonnée)
– aime le camping, aime la cuisine française
– n'aime pas sortir tout le temps

Vous commencez le dialogue.

© Fotolia / ARochau

© Shutterstock / Syda Productions

B

– aime faire la grasse matinée[1] et se coucher tard
– n'a pas d'heures[2] surtout pendant les vacances
– aime bien la campagne mais préfère la ville (sortir avec les copains, aller au cinéma)
– aime le camping, aime se baigner
– a des grands-parents qui habitent en campagne, à deux kilomètres d'un lac

A commence le dialogue.

Aides: 1 **faire la grasse matinée** ausschlafen
2 **ne pas avoir d'heure** sich an keine festen Zeiten halten

EXERCICE EN INTERACTION 2

S'entraîner à défendre son choix

1 **Relisez la méthode, p. 143, puis trouvez plusieurs expressions avec lesquelles on peut** ► Méthodes, p. 143/8

donner son opinion. ______

exprimer un argument. ______

dire qu'on (n')est (pas) d'accord. ______

À vous!

2 **Vous faites un stage dans un camping, en Bretagne. Le directeur du camping vous demande, à vous et à un autre jeune, de trouver une image sportive pour illustrer un prospectus publicitaire pour son camping, p. 89. Répartissez les rôles. A commence.** ► Méthodes, p. 143/8, p. 153/26.1

A/B

Lisez les informations sur le camping, p. 89. Puis, regardez votre document et décrivez-le.
Expliquez pourquoi, à votre avis, votre document convient le mieux.
À la fin, discutez et mettez-vous d'accord sur un document.

A

© Fotolia / Microgen

Aides: **le bermuda** die Bermuda-Shorts **le short** die kurze Hose **en plein air** im Freien

Solutions ► Webcode APLUS-C-CARNET-SOLUTIONS

B

© Jean Jacques Rio, Régate à l'île aux Moines. Le passage des Réchauds

Aides: le voilier das Segelboot **le mouvement** die Bewegung **la mer agitée** die raue See

Camping Trugarez, Morbihan, Bretagne sud

© laif / Christian Heeb

Le camping est situé dans un immense parc très calme, à deux kilomètres de la belle plage de sable fin d'Erdeven, et à quelques kilomètres du golfe de Morbihan seulement. Nous vous accueillons sur des emplacements de 80 à 100 m² chacun et tout est réuni pour garantir votre confort (douches, WC et lavabos, zones pour enfants et bébés).

Les plus du camping:

- *Restaurant pour vos repas en famille*
- *Piscine pour petits et grands avec toboggan*
- *Tables de ping-pong*
- *Terrain de tennis*
- *Aire de jeux pour enfants*

Nous vous proposons aussi d'autres activités pour rendre votre séjour encore plus encore plus sportif et riche en émotions.

- *Randonnées à pied et à vélo*
- *Visite des menhirs de Kerzerho*
- *Pêche et balades en mer*
- *Beach volley*
- *Voile*

MÉDIATION ÉCRITE: FRANÇAIS → ALLEMAND

In einer Mediation ist die eigene Meinung nicht gefragt!
Nennen Sie immer die Quelle für ihre Informationen.

S'entraîner

1 **Qu'est-ce qui est bon/mauvais pour l'environnement? Classez les expressions ci-dessous dans le tableau.**

polluer qc — respecter l'environnement — les émissions de CO_2 — ne laisser aucun déchet — compenser la dépense en carbone — lutter contre la destruction de la couche d'ozone — détruire la nature — être écologique — être en harmonie avec la nature

protéger l'environnement	*détruire l'environnement*

À vous!

2 **Vous participez à un forum sur les avantages et les inconvénients des rallyes de voitures dans le désert comme le Rallye Dakar par exemple. Lisez ces posts. Après avoir lu l'article p. 91, vous informez Windrose et Wrumm sur le Rallye Aïcha des Gazelles du Maroc.**

© Fotolia/Finke

Wrumm **Alter: 15 Jahre** ✉ **57 Nachrichten**

22:10 Wrummm schrieb:

Ich stelle es mir einfach genial vor mit einem fetten Auto durch die Dünen zu fahren! Das muss ein super Feeling sein!

© Fotolia/Bono

Windrose **Alter: 16 Jahre** ✉ **102 Nachrichten**

22:15 Windrose schrieb:

Ja, es ist bestimmt schön, aber auch unverantwortlich gegenüber der Umwelt und den Menschen, die dort wohnen! Ich verstehe nicht, wie man so egoistisch sein kann! Ich würde nie an solch einer Rallye teilnehmen!

Solutions ▶ Webcode APLUS-C-CARNET-SOLUTIONS

Un rallye féminin et écologique dans le désert marocain

© imago/Norbert Schmidt

Sophie et Armelle viennent d'avoir 25 ans et s'apprêtent à réaliser un rêve. Elles font partie des 300 femmes qui vont être au départ lundi prochain du Rallye Aïcha des Gazelles. C'est une course auto de 2500 kilomètres dans le désert marocain à laquelle ne peuvent participer que des femmes. Sophie et Armelle ont choisi de participer à la course dans un camion qu'elles ont racheté à une participante qui a fait le Rallye Aïcha des Gazelles l'année dernière. Armelle rigole: «Notre camion connaît déjà la course et pas nous! Mais on a confiance. Ensemble, on va y arriver!». Le but pour les deux jeunes femmes comme pour toutes les participantes est de se rendre chaque jour à une dizaine de points de contrôle en faisant le moins de kilomètres possibles. Pour cela, elles n'ont droit qu'à une carte, une boussole et des coordonnées géographiques. Le GPS, les jumelles et les téléphones portables sont strictement interdits. Si elles ratent un point de contrôle, on leur enlève des points. Si elles ont besoin d'une aide technique aussi. La vitesse ne joue pas de rôle. Par contre, on compare chaque fois le nombre de kilomètres parcourus entre deux points de contrôle avec la distance la plus courte entre ses points. Sophie justifie: «Ce qui compte, c'est de faire le moins de kilomètres possibles! En plus, comme on ne va pas très vite, on pollue moins. C'est pour ça que le Rallye Aïcha des Gazelles est un rallye respectueux de l'environnement. En plus, nous avons dans chaque véhicule un instrument qui mesure nos émissions de CO_2. Nous compensons ce que nous dépensons en carbone en donnant de l'argent à une association, l'association Action Carbonne de Yann Arthus-Bertrand qui s'occupe de lutter contre la destruction de la couche d'ozone.»
Toutes ces règles font du Rallye Aïcha des Gazelles une course unique en son genre et complètement différentes des autres rallyes automobiles comme le Paris-Dakar par exemple. Armelle ajoute: «Les organisatrices autour de Dominique Serra, qui a inventé cette course il y a plus de 25 ans, font aussi très attention à ne laisser aucun déchet là où la course est passé. Chaque soir, les déchets sont brûlés dans un camion spécial pour ne laisser aucune trace dans le désert. C'est très important pour nous. Je ne pourrais pas participer à une course qui détruit cette nature fantastique!»
Toutes celles qui ont déjà participé sont d'accord pour dire que le Rallye Aïcha des Gazelles est une expérience humaine merveilleuse. Les participantes ne font pas que traverser le désert. Chacune cofinance un projet social, sportif ou de santé pour les populations locales. Ainsi, par exemple, des équipes de médecins sont payées par les organisateurs du rallye. Elles vont soigner les populations qui habitent dans des endroits très isolés et n'ont normalement pas accès aux soins médicaux.
Est-ce que c'est parce qu'il n'est ouvert qu'aux femmes que ce rallye est aussi plus écologique? Sophie et Armelle hésitent. «C'est possible. Pour les hommes, la vitesse est plus importante ... et puis, les hommes ont peut-être aussi plus tendance à vouloir être plus forts que la nature. Nous voulons plutôt être en harmonie avec elle. Mais les choses bougent. Peut-être qu'il y aura un jour un rallye ouvert à tous, qui prendra le Rallye Aïcha des Gazelles comme modèle!»

Vent du Sahara, n° 37, 2016

MÉDIATION ÉCRITE: ALLEMAND → FRANÇAIS 1

S'entraîner

1 **a** **Lisez l'exercice 2, p. 92, et dégagez les thèmes.**

b **Lisez l'article, p. 92, et trouvez les passages qui concernent les thèmes de b. Soulignez ces passages.**

À vous!

2 **Votre corres français, François (16 ans), a vu «Fack ju Göhte» avec sa classe et a beaucoup aimé l'actrice Jella Haase. Il vous demande si elle joue toujours dans des comédies et si elle est dans la vie comme dans le film. Vous lui répondez par mail en tenant compte de l'article.**

Jella Haase: Überhaupt nicht harmlos

Jella Haase ist eine der begabtesten Schauspielerinnen ihrer Generation. Eine Begegnung.

Nach dem Interview steigt die Schauspielerin die Treppen zum Nationaldenkmal im Kreuzberger Viktoriapark hinauf, als hinter den Bäumen, unterbrochen von Kieksern, Kreischen und aufgeregtem Gelächter, der Vorname gerufen wird, der Jella Haase noch viele Jahre lang verfolgen wird und mit dem ganz Deutschland eine der charmantesten und lustigsten Rollen des jüngeren deutschen Kinos verbindet: „Chantal! Chantaaaal! Bleib stehen!"

Jella Haase alias Chantal Ackermann aus dem Film Fack Ju Göhte bleibt stehen, entschuldigt sich und erklärt mit einem sagenhaft abgeklärten, interessanterweise null genervten Lächeln: „Da kommen sie wieder, meine kleinen Freunde." Und in Sekundenschnelle hat sich um die kleine Schauspielerin ein Kreis sehr kleiner und junger Mädchen gebildet, elf und zwölf Jahre alt. [...]

12 Uhr mittags: Treffen an den Tischen, die vor dem Café Vereinszimmer am Kreuzberger Viktoriapark auf der Straße stehen. Sie kommt auf die Minute pünktlich. Sie ist sehr klein und hat dieses sehr hübsche Gesicht. Die auffällig schwarz getuschten Wimpern der Jella Haase. Jetzt muss man sie – Entschuldigung, so ist das mit Kinostars, die Millionen deutscher Teenager ins Kino treiben – noch einmal sehr genau angucken dürfen: Jella Haase ist wie ein Kreuzberger Homegirl gekleidet, so eine Mischung aus Berliner Volksbühne, Punk und Hip-Hop (beige Kostümjacke, rosa Oberteil, schwarze Theaterhose, adidas-Basketballschuhe). [...]

Es ist ganz dumm und unverzeihlich, eine Schauspielerin mit ihrer populärsten Rolle zu verwechseln – und wie sie da mit einem angezogenen Knie sitzt, Kaffee trinkt und sich die erste Zigarette anzündet, passiert dem Reporter genau das. In der Chantalschen Sprachmelodie dehnen sich die letzten Silben eines Wortes, die Sätze biegen sich zum Ende nach oben, als würde sie eine Frage stellen. Sie nickt zur Bekräftigung, wenn sie einen Satz fertig hat – das kommt auch schon wieder so Chantal-mäßig. Ist Jellas gesungenes „voll witzig" nicht auch schon wieder ein Chantal-Zitat? Ist das „Danke schön", das sie da flötet, nicht auch schon wieder ein Chantal-Klassiker?

Tapfere Schauspielerin. Das hat sie schon öfter erklären müssen, dass ihre Chantal nicht deshalb so überzeugend wirkt, weil sie selber wie Chantal ist, sondern weil sie diese Rolle – schau an – so überzeugend interpretiert. Diese Chantal, erklärt Jella Haase, sei viel größer als jede geschriebene Rolle, sie sei deutscher Alltag, das echte Leben, sie stehe auf jedem deutschen Schulhof und in jeder Berliner U-Bahn-Station herum: „Man hört sie überall quatschen. Chantals gehören dazu, sie sind cool."

Auf Premierentournee mit Fack Ju Göhte hat der Regisseur Bora Dagtekin die Chantal-Darstellerin vor dem Kinovorhang stets mit den Worten aufgezogen: „Komm her, Jella, und zeig mal, dass du auch normal sprechen kannst." Und die Leute im Publikum staunten: „Wow, die ist ja gar nicht so." Wie sieht sie das heute? Bedauert sie manchmal, diese übermächtige Rolle angenommen zu haben? „Im Gegenteil, ich bin sehr dankbar für diese Rolle." Und die Schauspielerin spricht: „Ich hatte auch Angst, dass man mir die Prolltussi nicht abnimmt. Die Herausforderung war: Kriege ich das Comic-Hafte, das Überdrehte hin? Wie wird man als komödiantischer Charakter ernst genommen?" [...]

15-jährige Mädchen sind einfach die klügsten Menschen auf Erden

Sie weist nun darauf hin, dass ihr das Leichte, Unernste, Slapstickhafte als Schauspielerin nicht in die Wiege gelegt worden sei, im Gegenteil. Alle Rollen vor Fack Ju Göhte (2013) seien ernste Rollen gewesen. Kurzer Abriss von Jella Haases Karriere: In sieben Kinofilmen und gut einem Dutzend Fernsehfilmen war sie bisher zu sehen. Was sich als typische Jella-Haase-Rolle herausbildet, ist der Teenager, besser gesagt das Teenager-Monster, das Eltern, Lehrer, Sozialarbeiter, sonstige Erziehungsberechtigte und Polizisten an den Rand ihrer Kräfte bringt.

Die zwei Filme, mit denen Jella Haase sich in der Branche Respekt verschafft und ihren Ruf als eine der besten Schauspielerinnen ihrer Generation begründet, sind das Trash-Pop-Märchen *Lollipop Monster* und das Neonazi-Drama *Die Kriegerin* (für beide Filme erhält sie 2011 den Bayerischen Filmpreis als beste Nachwuchsdarstellerin). In David Wnendts *Die Kriegerin* führt Jella Haase das ganze ewige Drama der Pubertät vor: Selten war ein Teenager gleichzeitig so müde, desillusioniert, traurig, verletzt und durchtrieben – 15-jährige Mädchen, das sieht man in Jella Haases Augen, sind einfach die tiefsten und klügsten Menschen auf Erden. O ja, man kann auch Angst vor dem Teenager Jella Haase haben. [...]

DIE ZEIT Nr. 29 / 2014 / Moritz von Uslar / 10.07.2014

MÉDIATION ÉCRITE: ALLEMAND → FRANÇAIS 2

S'entraîner

1 **Lisez la carte postale de votre ami Mathieu, 17 ans, que vous venez de recevoir. Résumez son problème en une phrase en allemand.**

Salut,

je suis avec mes parents dans notre maison de vacances dans les Landes. Là-bas, il n'y a rien. Pas de magasin, pas de télé, même pas de réseau. Je m'ennuie à mort et je n'ai même rien à te raconter ... En fait, j'écris juste pour que tu me répondes!*

À plus! Mathieu

Mon adresse: Mathieu Renard
Chemin des bois
40550 Saint-Michel-Escalus

Kim Voigt
Mühlenstr. 1
90178 Neustadt

© laif / Hemispheres Images / CINTRACT Roamin

* **les Landes** Departement in Südwestfrankreich mit dem größten zusammenhängenden Waldgebiet Westeuropas

____

2 **Lisez l'exercice 4. Que répondriez-vous à Mathieu? Lisez l'article et soulignez cinq informations utiles.**

3 **Votre copain ne va pas bien. Qu'est-ce que vous dites pour lui remonter le moral? Cochez.**

1. ☐ Je suis content que tu ailles bien.
2. ☐ Il ne faut pas être triste.
3. ☐ Je comprends très bien ta situation.
4. ☐ Ça n'a pas l'air d'aller bien.
5. ☐ Encore un effort et tu vas y arriver!
6. ☐ Je voudrais être à ta place.

À vous!

4 **Vous avez lu la carte postale de Mathieu (exercice 1). Vous venez de lire l'article de journal suivant et vous lui répondez pour lui remonter le moral.**

Öde dich an

(...) Neulich saß ich in einem Wartezimmer und hatte mein Handy vergessen und starrte also sehr lange aus dem Fenster auf zwei Altpapiercontainer und einen Baum. Es passierte dort draußen ungelogen: nichts. Die Farben blieben gleich – grau, weiß, grün – es kamen keine Tiere vorbei und keine Menschen. Meine Gedanken gingen spazieren, sie hatten ja sonst nichts zu tun. Sie schlenderten in einer phänomenalen Langsamkeit zwischen den Containern, dem Baum und dem Wartezimmer hin und her. Und dann, plötzlich, war sie da: eine total gute Idee, wie ich diesen Text beginnen könnte. Sie war wirklich richtig super. Leider wurde mir wenige Minuten später unter Vollnarkose der Kiefer aufgeschnitten und in all dem Post-OP-Trubel vergaß ich die Idee wieder. Schade. Für uns alle.

Langeweile, das muss man vielleicht noch mal erklären, ist nicht das Gleiche wie Nichtstun. Wer gerade nichts zu tun hat, kann zum Beispiel ein Buch lesen. Oder er kann sich an ein Gewässer setzen und Schiffe oder Vögel beobachten. Je nachdem, wie spannend er es findet, Schiffe oder Vögel zu beobachten, wird er sich nicht langweilen. (...)

Der Zustand der Langeweile (...) ist das Gegenteil von effektiver Arbeit – und so ein Symbol des Scheiterns. Ohne schlechtes Gewissen langweilen dürfen sich eigentlich nur Säuglinge, Kinder und Rentner. Deshalb ist das L-Wort auch zu einer Waffe geworden. Ein „Du Langweiler" oder „So boring!" ist auf der modernen Beleidigungsskala etwa zwischen „Dumm wie Brot" und „Hurensohn" einzuordnen. Im 21. Jahrhundert kannst du sein oder machen, was du willst, aber sei um Himmels willen nicht „lame".

Dabei kann Langeweile – wissenschaftlich erwiesen – auch ein Motor sein. Die Soziologie unterscheidet zwischen verschiedenen Typen des verbotenen Gefühls, eine davon ist die „schöpferische Langeweile", die sich sogar wissenschaftlich nachweisen lässt: Forscher der University of California forderten die Teilnehmer eines Experiments auf, sich ungewöhnliche Verwendungsmöglichkeiten für einen Ziegelstein auszudenken. Im Anschluss bekam die eine Hälfte Denksportaufgaben zu lösen, die andere erledigte eine monotone Aufgabe. Anschließend wurden die Probanden erneut gefragt, was sich mit dem Ziegelstein so alles anstellen lässt. Die Gruppe, die sich zuvor gelangweilt hatte, lieferte – wie ich im Wartezimmer – vierzig Prozent mehr kreative Ideen.

Die ach so gefährliche Langeweile besiegt man also am besten, indem man sich mit dem Gefühl anfreundet und sich hin und wieder einfach ein, zwei Stunden lang selbst so richtig anödet. Der Blick in die vorübergehende Belanglosigkeit der eigenen Gedankenwelt provoziert mit etwas Glück neue, spannende Gedanken. Denn Langeweile bedeutet, seinen Geist eine Zeit lang ins Nichts zu schicken. Die Chancen stehen gut, dass er mit etwas Interessantem zurückkommt.

Neon / Lena Steeg, Neon / November 2015

MÉDIATION ORALE: FRANÇAIS → ALLEMAND

S'entraîner

CD 23 **1** **Dans quel ordre entendez-vous ces indications horaires? Écoutez et numérotez.**

☐ 

☐ 
☐ 
☐ 

2 **Lisez l'exercice 3. Notez les trois questions du père.**

____

____

____

____

____

© Fotolia / Fabrice Alexandre

À vous!

CD 24 **3** **Pendant les vacances d'automne, vous êtes à Paris avec vos parents. Pendant que vos parents sont encore au musée, vous vous reposez dans un café et vous écoutez une émission de radio. Tout à coup, vous recevez ce texto de votre père. Écoutez l'émission et répondez par téléphone en vous basant sur les informations que vous venez d'apprendre.**

Solutions ▶ Webcode APLUS-C-CARNET-SOLUTIONS

MÉDIATION ORALE: ALLEMAND → FRANÇAIS

S'entraîner

1 **Comment exprimer cela en français?**

1. an etw. teilnehmen
2. über 20 Gruppen
3. die kulturelle Vielfalt
4. das ganze Wochenende
5. viel/nichts kosten
6. etw. repräsentieren
7. stattfinden
8. viele Musikstile

À vous!

CD 25

2 **Vous avez prévu de retrouver votre correspondante à Berlin pour le week-end de la Pentecôte*. Une semaine avant, votre correspondante vous envoie ce mail. Écoutez l'émission de radio suivante et répondez à son message.**

* **la Pentecôte** Pfingsten

Sujet: Le carnaval des cultures

Salut Alex,
c'est vraiment super qu'on puisse habiter chez ta cousine à Berlin! J'ai une question: Dans mon guide français de Berlin, j'ai lu que le week-end de Pentecôte, il ne faut pas rater le carnaval des cultures. Est-ce que tu sais ce que c'est? C'est tout le week-end ou seulement un jour précis? Est-ce qu'il faut payer pour le voir (Je ne suis pas très riche en ce moment ☹)? Mais cela m'intéresse peut-être ... À ton avis, c'est de la musique branchée ou de la musique folklorique?
Allez, je t'embrasse, à plus, Elsa

MÉDIATION ORALE: FRANÇAIS → ALLEMAND → FRANÇAIS

S'entraîner

1 **Votre correspondant est chez vous. Vous allez faire un tour en ville avec quelques copains. Votre mère voudrait savoir à quelle heure vous allez rentrer. C'est votre correspondant qui connait les informations. Vous faites la médiation. Écrivez les informations dans le tableau.**

Votre mère	Vous	Votre corres
1 Wann trefft ihr euch? →	2 ______________ →	3 On va se retrouver à trois heures.
←	4 ______________ ←	
5 Wann werdet ihr nach Hause kommen? →	6 ______________ →	
	8 ______________ ←	7 Vers cinq heures.

À vous!

CD 26

2 **Vous habitez à Francfort. En ce moment, vous êtes à Montpellier pour les vacances avec votre mère. Vous avez acheté vos billets aller-retour en Allemagne et vous auriez dû partir dimanche, mais finalement vous voudriez rester jusqu'à mardi. Vous accompagnez votre mère, qui ne parle pas français, à la gare afin d'échanger vos billets. Écoutez et faites la médiation.**

Solutions ▶ Webcode APLUS-C-CARNET-SOLUTIONS

À plus! **Charnières** verwendet in seinen Arbeitsanweisungen die gleichen Begriffe („Operatoren"), die auch in standardisierten Leistungsüberprüfungen, wie z. B. im Abitur verwendet werden.
Die folgende Liste soll Ihnen dazu dienen, sich mit diesen Operatoren vertraut zu machen und zu verstehen, was von Ihnen erwartet wird, wenn in einer Aufgabe ein bestimmter Operator vorkommt.

Anforderungsbereich I (*compréhension*) = den Text* verstehen; Textinhalte wiedergeben

Operator	Beispiel	Was ist zu tun?
décrire qn/qc	**Décrivez** la photo.	jdn/etw. beschreiben, z. B. eine Person, ein Bild oder eine Stimmung
exposer qc (brièvement)	Lisez le conte et **exposez** la situation. **≈ présenter qc**	etw. (kurz) darstellen, erläutern
indiquer qc	**Indiquez** quelles sont, pour vous, les informations les plus intéressantes dans cet article.	etw. benennen, (auf)zeigen
présenter qc	Lisez l'article globalement, puis **présentez** son sujet en une ou deux phrases. **≈ exposer qc**	etw. vorstellen, darstellen, z. B. eine Person, ein Thema, ein Land oder Ergebnisse
rédiger qc	**Rédigez** un texte sur ce pays africain d'après le modèle.	einen Text verfassen
résumer qc	Regardez le début du film et **résumez**-le.	wesentliche Informationen eines Textes (z. B. einer Geschichte oder eines Zeitungsartikels) zusammenfassen

Anforderungsbereich II (*analyse*) = Textinhalte nach bestimmten Aspekten auswählen, anordnen, verarbeiten und darstellen; Vergleiche ziehen

Operator	Beispiel	Was ist zu tun?
analyser qc	**Analysez** le comportement et la stratégie de Si Mahmoud et la réaction de Zaynab.	einzelne Aspekte im Text untersuchen, z. B. ein Verhalten oder eine Wirkungsabsicht
caractériser qn/qc	**Caractérisez** le personnage de Malika. **≈ faire le portrait de qn**	jdn/etw. charakterisieren, detailliert beschreiben, z. B. eine Figur, eine Person oder Lebensumstände
comparer qn/qc	**Comparez** cette séquence à l'extrait de la nouvelle *Le jour où Malika ne s'est pas mariée.*	jdn/etw. vergleichen, Gemeinsamkeiten und Unterschiede herausarbeiten, z. B. zwischen Texten, Figuren oder Verhaltensweisen
dégager qc	**Dégagez** le message de la chanson.	etw. herausarbeiten, z. B. eine Aussage
étudier qc (de façon détaillée)	**Étudiez de façon détaillée** le texte et retracez les parcours possibles d'un/e jeune Africain/e qui voudrait devenir footballeur/euse professionnel/le. **≈ examiner (de plus près)**	etw. im Detail untersuchen und darlegen

* Wenn von „Texten" die Rede ist, sind alle Text- und Medientypen gemeint (Sachtexte, literarische Texte, Film, Bild usw.).